Le cinéma amazigh/berbère

Le sens de la mise en scène comme espace de communication

Tira – Langues, littératures et civilisations berbères
Collection dirigée par Kamal Naït-Zerrad

Cette collection est consacrée aux études littéraires, linguistiques, didactiques et de civilisation berbères ainsi qu'à la littérature proprement dite (roman, théâtre...) qu'elle soit en berbère ou sous forme bilingue.

Outre les publications originales, elle remettra à la disposition des chercheurs et du grand public des ouvrages de première importance, aujourd'hui épuisés, sur l'histoire, la langue et la culture berbères.

La collection contribuera ainsi non seulement à enrichir les études scientifiques par la publication de travaux de recherche, mais égalementà la diffusion d'une meilleure connaissance d'un monde berbère éclaté.

Dernières parutions

Daniela MEROLLA, Dominique CAUBET, Kamal NAÏT ZERAD et Philippe CASSUTO (éds), *Les Études Berbères à l'ère de l'institutionnalisation de tamaziɣt, Mélanges en l'honneur de Salem Chaker et Abdellah Bounfour*, 2021

Kamal NAÏT ZERAD et Alhassane AG SOLIMANE, *Éléments de grammaire* touareg (Niger), 2021

Bahia AMELLAL, *Histoire de La Ruche - Kabylie, 1937-1975. Le Bulletin, curseur d'un mouvement, d'une histoire et d'une société*, 2019.

Mustapha GAHLOUZ, *Les qanouns kabyles. Anthropologie juridique du groupement social villageois de Kabylie*, 2011.

CENTRE DE RECHERCHE BERBÈRE - INALCO, *Annales des épreuves de berbère au baccalauréat. Kabyle-Chleuh-Rifain. 1995-2009*, 2011.

Kamal NAÏT-ZERRAD, *Mémento grammatical et orthographique de berbère, Kabyle – Chleuh – Rifain*, 2011.

Djamel BENAOUF, *Tujjma Tuzzma Isefra. Nostalgie et remontrances. Recueil de poésie en kabyle*, 2005.

Kamal NAÏT-ZERRAD, *Linguistique berbère et applications*, 2004.

Sous la direction de
Daniela Merolla

Le cinéma amazigh/berbère

Le sens de la mise en scène comme espace de communication

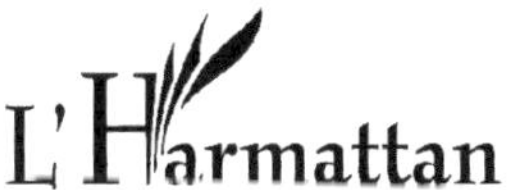

5-7, rue de l'Ecole-Polytechnique, 75005 Paris
http://www.editions-harmattan.fr
ISBN : 978-2-14-034972-0
EAN : 9782140349720

Sommaire

Informations sur les auteurs

Mustapha El Adak est professeur de linguistique générale et berbère à l'université d'Oujda. Docteur en langues, littératures et sociétés (Institut national des langues et cultures orientales (INALCO, Paris). Il est co-auteur de l'*Anthologie de la poésie berbère traditionnelle* (L'Harmattan/INALCO, 2011) et auteur de plusieurs articles en linguistique, art et littérature berbères, par exemple « Quelques œuvres littéraires rifaines avec extraits » (*Études littéraires africaines*, 21, 2006, pp. 40-43), « La dénomination du corps humain dans la lexicographie amazighe : quels signifiants pour signifier quel corps ? » (*Études et Documents Berbères*, 38, 2017, pp. 179-191), et « Régularités structurelles et relations sémantiques dans les expressions idiomatiques rifaines » (*Études et Documents Berbères*, 34, 2015/1, pp. 179-191). Il poursuit actuellement des travaux de lexicologie et de lexicographie dans une perspective essentiellement comparative et participe activement aux débats sur la création contemporaine berbère.

Saïd Adel est docteur en anthropologie culturelle (thèse soutenue à l'École des hautes études en sciences sociales de Paris). Il a étudié la langue et la civilisation berbères à l'université Mouloud Mammeri de Tizi Ouzou et à l'Institut des langues et civilisations orientales (Inalco) de Paris. Ses recherches portent sur le cinéma amazigh et la dynamique qu'il suscite en Kabylie. Il se penche sur l'histoire de l'image de cette région à travers les différents cinémas (colonial et national), et sur le rapport que son cinéma indépendant, apparu dans les années 1990, entretient avec sa tradition orale, sa langue et son identité singulière. Il est également impliqué dans des actions culturelles et artistiques dédiées à la promotion de ce cinéma. Il est l'auteur de l'article « La langue kabyle au cinéma », paru dans *Les cinémas berbères. De la méconnaissance aux festivals internationaux*, édité par Daniela Merolla, Kamal Naït Zerad et Amar Ameziane aux éditions Karthala en 2019.

Brahim Hasnaouy est directeur de recherche au centre de recherche sur la production audiovisuelle, des études artistiques et littéraires de L'IRCAM, Rabat, Maroc. Docteur en genres littéraires et artistiques modernes, option Cinéma et littérature, à l'Université Sidi Mohamed Abdellah de Fès, Maroc, il est auteur de *Cinéma amazighe : Guides des professionnels, Les programmes amazighes dans les chaînes télévisuelles publiques au Maroc,* (publications de L'IRCAM, 2012)[1], ainsi que de plusieurs articles en cinéma, publicité, photographie publiés au Maroc et à l'étranger. Il est membre associé au LACNAD, INALCO, Paris. Parmi ses publications : « Le film marocain d'expression amazighe, de la confirmation de soi au pluralisme artistique et culturel », in *Les cinémas berbères de la méconnaissance au festival nationaux* (Daniela Merolla, Kamal Nait Zerad et Amar Améziane dir., Karthala, 2019), « Le cinéma amazigh, de la vidéo à Internet : Nouveau cinéma ou produit déjà existant ? (co-auteur avec Daniela Merolla, in *L'amazighité à l'ère du numérique, Publications de l'association de L'université d'été d'Agadir, Coordination* (Lahoucine Bouyaakoubi dir, Agadir, 2019), « La femme dans le cinéma marocain : figures de courage, de résistance et de confrontation », in *Représentations de la femme dans le cinéma amazighe* (Brahim Hasnaouy et Abdellah Elmnani dir., *Imprimerie central de Sous,* 2020) et « Critiques de cinéma amazighe », in *Sur le cinéma amazighe* (Driss Azdoud dir., Publications de l'IRCAM, 2020).

Ahcene Hargas est docteur en anthropologie culturelle et sociale et membre associé au laboratoire LinCs- Le Laboratoire interdisciplinaire en études culturelles de la maison interuniversitaire des Sciences de l'Homme – Alsace (Misha). Son approche consiste en l'évaluation interdisciplinaire des phénomènes socioculturels, de l'objet de leur dynamisme et des formes de représentation qui consacrent leur médiation. Son domaine d'intérêt s'élargit, notamment, à l'anthropologie des structures du spectacle, aux phénomènes syncrétiques, au spectacle-rituel, à l'ethno-scène

[1] L'usage marocain préconise l'utilisation systématique du terme « amazighe », tandis que ce volume opte plutôt pour « amazigh/amazighe » pour le masculin et le féminin.

et aux dynamiques migratoires. Il est intervenu en tant que participant et organisateur à plusieurs colloques (Approche anthropologique des arts vivants en Afrique du Nord : mobilité et transculturalité, Insaniyyat, Tunis 2022 : Forum international des sciences humaines et sociales, 20-24 septembre 2022, Tunis ; L'autre cinéma de la cité Séfar : le corps comme centre intermédial de la projection de l'image rupestre, INALCO, 2021 ; et Identité et Démocratic, auditorium du Collège doctoral, université de Strasbourg). Il a soutenu une thèse intitulée *Le théâtre berbère d'expression kabyle (de Mohia) dans le cheminement ethnodramatique des rituels, des syncrétismes et des révoltes sociales* en 2017.

Daniela Merolla est professeure de littérature et art berbères à l'INALCO (Institut national des langues et civilisations orientales, Paris). L'approche de sa recherche est interdisciplinaire (études de littérature comparée, des nouveaux médias, et anthropologie). Elle a obtenu son habilitation à diriger des recherches à Aix-Marseille Université. Jusqu'en 2015, elle était enseignante-chercheuse en littérature et médias africains à l'Université de Leyde (Pays-Bas). Sur le cinéma, elle est co-autrice de *Les cinémas berbères. De la méconnaissance aux festivals internationaux* (Paris, Karthala, 2019). Parmi ses nombreuses publications figurent ensuite : *Les Études Berbères à l'Ère de l'Institutionnalisation de Tamaziyt* (en co-direction, 2021, L'Harmattan) ; « Cultural heritage, artistic innovation, and activism on Amazigh Berber websites » (*Journal of African Cultural Studies*, 2020, 32 : 1, pp. 42-59) ; « Amazigh/Berber Literature and "Literary Space". A contested minority situation in (North) African literatures » (in *Routledge Handbook of Minority Discourses in African Literature*, Tanure Ojaide et Joyce Ashuntantang dir., Routledge, 2020, pp. 27-47) ; *De l'art de la narration tamazight/berbère. Deux cents ans de collecte et de recherche dans les études littéraires berbères* (Peeters, 2006).

Ali Oublal est enseignant d'anglais et chercheur en études culturelles, cinématographiques, linguistiques et sociologiques, principalement en études frontalières. Il est professeur vacataire au Departement de langue et littérature anglaises de l'université Ibn Zohr depuis 2017. Il enseigne la dynamique culturelle aux étudiants de master du département de sociologie de l'université Ibn Zohr, Faculté des Lettres et des Sciences humaines d'Agadir depuis 2019. Oublal a participé à plusieurs colloques sur le cinéma au Maroc depuis 2016, il est membre du jury du festival de cinéma amazigh d'Agadir, et responsable des activités culturelles et artistiques de nombreuses associations et écoles publiques et privées dans la région d'Agadir. Il est aussi dramaturge en amazigh, citons notamment *Aman n' Marour*, *Alili*, *Ratudut Azerf*, etc. Plusieurs publications sont parues à son nom sur le cinéma amazigh au Maroc, par exemple *The Amazigh Film in Souss. From Oblivion to the International Scene*, Maroc (Issni n Ourg, 2014) ; *The imagelogist approach to the Amazigh Film : Amazigh Jewish community* (Issni n Ourg, 2016-2017) ; « The Amazigh Film between soft threat and hard threat : Filmmakers and spectators » (*Cinema and spectators*, Issouraf Association of Seventh Art, Agadir, 2017) ; and « Myth as a Cultural Cross-border Apparatus: A Transnational Dimension of the Afro-Amazigh Film in Moroccan Amazigh and Nigerian Yoruba Films » (*Journal of African Films, Diaspora Studies, Performance Arts and Communication Studies* – JAFDIS, 3, 1, 2020, pp 7-21).

Tijani Saadani est enseignant-chercheur à l'École Supérieure de Technologie à Khénifra (Maroc), et à l'université Sultan Moulay Slimane à Béni Mellal (Maroc). Il est docteur en littérature comparée. Il a participé à l'organisation des colloques internationaux « Cinéma et société » (Faculté polydisciplinaire de Ouarzazate, 2019), « Langues et patrimoine culturel » (Université Fès-Saïs, 2019) et « Le film documentaire : esthétiques et signification » (Faculté polydisciplinaire, Ouarzazate, 2020). Il a présenté plusieurs communications telles que « La marginalité dans les films de Nabil Ayouch » (colloque de Ouarzazate, 2019), « Le Mouvement amazigh en quête de visibilité » (colloque international de l'université d'été d'Agadir, 2019), « Le paradigme de la domination dans le film *Itto Titrit* de Mohamed Oumouloud Abbazi » (colloque de la Faculté des Lettres et Sciences humaines, Marrakech, 2019), « La reconstruction du réel dans *Parfum de roses, paroles de femmes* d'Emmanuelle Schies » (Faculté polydisciplinaire de Ouarzazate, février 2020).

Salima Tenfiche est docteure en histoire et en esthétique du cinéma, avec une thèse portant sur le cinéma algérien contemporain sous le régime du président Bouteflika (sous la direction de Jacqueline Nacache). Pendant sa thèse, Salima Tenfiche a été doctorante contractuelle puis ATER en études cinématographiques à l'université Paris-Diderot (Paris 7). Aujourd'hui, elle est enseignante-chercheuse ATER à l'université de Metz. Selon une approche esthétique et politique, elle s'intéresse au renouvellement des formes et aux dynamiques transnationales comme processus de démocratisation de la fiction nationale post-coloniale. Elle est l'auteure de « *La Colline oubliée*, une pastorale contemporaine berbère » (in *Les cinémas berbères. De la méconnaissance aux festivals nationaux*, Daniela Merolla, Kamal Naït Zerad et Amar Ameziane dir., Paris, Karthala, 2019, pp. 181-206) ; et des articles en cours de publication : « *Watch me if you can !* Un cinéma algérien en quête de diffusion et de réception » (in Françoise Naudillon dir.) ; *Distribution, diffusion et réception des cinémas d'Afrique et du Levant. Actes du colloque* (Presses de l'université de Concordia, à paraître) ; « Passé glorieux contre mémoire interdite : deux cinémas algériens antagonistes » (in *Écrire l'histoire*, Claude Millet et Paule Petitier dir., n°19, CNRS Éditions, 2019, pp.213-219).

Mohamed Zeroual est doctorant en histoire, Centre des études doctorales sur les Langues, patrimoine et aménagement territorial à la Faculté des lettres et des sciences humaines, Fès-Sais, Maroc, et titulaire d'un master (2019) de la Faculté des lettres et des sciences humaines de Beni-Mellal, Maroc. Il est auteur du livre *Éclaircissements sur le cinéma amazighe* (publication du Festival Isni n'Ourgh, 2013) ainsi que de plusieurs articles sur le cinéma marocain, tel « Emploi de la musique amazighe dans le cinéma marocain : fonctions et objectifs », in *Cinéma et patrimoine : aspects et mise en œuvre, S/D de Hamid Tbatou* (Publications de la faculté polydisciplinaire de Ouarzazate et Forum de sud pour cinéma et culture, Net impression, Ouarzazate 2016, pp. 108-114). Il a participé à plusieurs colloques et rencontres scientifiques sur l'histoire, le patrimoine et le cinéma marocains.

Informations biographiques sur le réalisateur interviewé

Ivan Boccara, réalisateur français et marocain, né au Maroc a produit et réalisé plusieurs films documentaires de création à caractère ethnographique et poétique qui donnent la parole aux habitants du Haut-Atlas. Sur les régions amazighes du Maroc, on peut nommer ses trois principaux films :

Mout Tania en 1999,
http://www.bretagne-et-diversite.net/fr/films/mout-tania/

Tameksaout, en 2005
http://www.bretagne-et-diversite.net/fr/films/tameksaout/

et *Pastorales électriques* en 2018
https://www.on-tenk.com/fr/documentaires/docmonde/pastorales-electriques

Introduction

Le cinéma et l'espace littéraire et cinématographique amazighs-berbères. Le sens de la mise en scène

Daniela Merolla

L'analyse de la mise en scène est un moment essentiel dans la recherche amazighe actuelle, pour deux raisons principales. La première est que nous avons très peu d'analyses approfondies des éléments audiovisuels nous permettant d'aborder le film amazigh comme un espace de communication du langage cinématographique et non seulement comme une expression identitaire. Une exception est l'étude de Frédérique Devaux (2016), spécialiste d'études cinématographiques qui, dans *De la naissance du cinéma kabyle au cinéma amazigh*, nous donne l'analyse du cadrage et du montage pour ce qui concerne les premiers films 'classiques' kabyles, *La Colline oubliée*, *La Montagne de Baya* et *Machaho*. Mais la production filmique s'est agrandie, aussi grâce au digital, et ce volume se propose donc d'élargir le regard aux films berbères contemporains. La deuxième raison est que l'existence même du cinéma amazigh est vue comme dépendant de la compétence technique. L'analyse de la mise en scène est ainsi nécessaire pour répondre à la question : peut-on parler de cinéma amazigh ? Ce volume permet donc également de rassembler et de croiser des données utiles à la réflexion avancée auparavant (Merolla, 2019) sur l'ambition de certains films spécifiques et sur l'« émergence » du cinéma amazigh en rapport avec les compétences techniques de sa production.

Les articles réunis dans ce volume dérivent de la deuxième rencontre sur le cinéma amazigh organisée à l'Institut National des Langues et Civilisations Orientales[1] (Paris) le 11 juin 2019,

[1] Le colloque a été organisé par Daniela Merolla au sein de l'unité de recherche LACNAD – Langues et Civilisations du Nord de l'Afrique et Diaspora de

visant à identifier et à analyser les éléments de la mise en scène des films berbères (images, couleurs, cadrage, son et autres éléments audiovisuels) et leurs interactions avec la narration filmique[1]. Ils font partie de ce que nous pouvons appeler « recherche participante » : les auteurs sont souvent membres des jurys des festivals de cinéma amazigh et ils donnent donc des analyses et des interprétations enrichies et traversées par ces expériences et ces contacts avec le monde du cinéma amazigh et ses publics. D'un point de vue théorique, finalement, les articles rassemblés ici abordent les films amazighs dans une approche que nous pouvons appeler « *dé-coloniale* » (Mignolo, 2009), car ils montrent que, si la colonisation est traitée dans certains films récents, dans l'ensemble ces films tendent à détourner l'attention vers les conséquences de la post-colonialité (nord-)africaine et à ses manipulations, ses minorisations, et ses contraintes. Cette présentation se focalise sur les films en amazigh pour introduire les réalisateurs, les œuvres et les enjeux qui sont les axes, implicites ou explicites, des articles réunis dans ce dossier, mais les relations entretenues par les productions artistiques dans les différentes langues du Maghreb et sa diaspora restent un enjeu important pour la définition d'un espace cinématographique amazigh (Merolla 1995, 2019) incluant les films muets et en d'autres langues lorsqu'ils participent à la « narration émique » du groupe concerné.

Le cinéma amazigh : état des lieux

La tardive apparition des premiers films en amazigh dans les années 1990 est due à la méconnaissance du berbère par les États nationaux. Les réalisateurs amazighs en Algérie et au Maroc ont toutefois eu la persévérance de produire des films en amazigh (berbère) dans le format « grand écran » pour le visionnage au cinéma,[2] et en VHS, DVD et VCD pour le visionnage privé et

---

l'INALCO – Institut National des Langues et Civilisations Orientales, Paris. Les articles ont été soumis à l'évaluation par des pairs.

[1] Le terme « berbère » s'inscrit historiquement dans le discours du domaine d'études tandis que, dès la fin du XXe siècle, le terme amazigh (littéralement « homme libre ») tend à s'imposer dans la société et dans les études.

[2] Initialement en 35 mm et aujourd'hui en DCP.

public (par exemple dans les cafés) à la télévision et sur ordinateur. Dans son ensemble, la production cinématographique amazighe compte une vingtaine de longs-métrages « grand écran », dont la plupart ont été réalisés après les ouvertures politiques qui ont conduit en Algérie à l'institution du Haut commissariat à l'amazighité (HCA) en 1995 et de l'Institut royal de la culture amazighe (Ircam) au Maroc en 2001. Pour ce qui concerne l'audiovisuel, on estime à plus dc 300 films vidéo en tachelhit circulant au Maroc et au moins l'équivalent en kabyle (parlé en Algérie) si l'on regarde la diffusion sur YouTube (Merolla, 2019 : 35-36)[1]. Non seulement la mouvance plus intellectuelle et activiste des films « grand écran », mais aussi les films vidéo diffusent l'idée qu'il est possible de créer en amazigh et de se libérer de la subordination des langues internationales (arabe, français, etc.). Cela a pris des formes moins « activistes » après l'officialisation de la langue amazighe en Algérie et au Maroc ainsi qu'en Tunisie et en Libye, mais la production filmique en amazigh pourrait se radicaliser dans une situation de conflit[2].

Au Maroc, le premier film « grand écran » en amazigh est de Mohamed Mernich : *Tigigilt* (L'Orpheline, 1992). Les films « grand écran » en amazigh apparaissent ensuite grâce à des cinéastes comme Mohamed Abbazi, Hicham Ayouch, Ahmed Baidou, Hicham Lasri et Yassine Fennane (variante tachelhite), Hassan Legzouli (variante tamazighte), et plus récemment comme Mohamed Amin Benamraoui et Mohamed Bouzaggou (variante rifaine). Les films vidéo amazighs au Maroc sont inaugurés avec *Tamghart n wurgh* (Femme d'or, 1994) de Lahoucine Bizguaren et la vidéo *Bu Tfunast* (L'homme à la vache et les 40 voleurs, 1993), de Mohamed Salout dit Agouram Archach. En Algérie, Abderrahmane Bouguermouh, pour le film *La Colline oubliée* (1994/1996), Azzedine Meddour pour *La Montagne de Baya* (1997) et Belkacem Hadjaji pour *Machaho* (1996), vont former

[1] La langue amazighe/berbère est parlée sous différentes formes de parlers vernaculaires tels que le kabyle, le rifain, le tachelhit, etc.

[2] Voir la répression violente des manifestations populaires dans le Rif (Maroc) en 2017 et en Kabylie (Algérie) en 2021-2023 ainsi que le conflit militaire en Libye.

une triade de cinéastes désormais « classique ». Les réalisateurs des années 2000 vont être représentés par Djamel Bendeddouche, Younès Boudaoud, Liazid Khodja et Rachid Benallal, et Ali Mouzaoui (variante kabyle) et par Amor Hakkar (variante chaouia). Quelques titres de la production vidéo en kabyle sont *D argaz a mmi* (C'est un homme mon fils, 1999) d'Ahcène Osmani, *Azal n ttar* (Le prix de la vengeance, 2001) de Hammimi Assam, et *Yessers uḥeddad tafḍist irfed-itt mmi-s* (Tel père, tel fils, 2009) de Said Mesbah. Toutes récentes sont les productions cinématographiques amazighes au Mali, en Tunisie et en Libye. Le premier long-métrage réalisé par un réalisateur malien en berbère est le film *Ayrouwen* (Il était une fois, 2007) de Brahim Tsaki. Des moyens et courts métrages proviennent ensuite de la Tunisie, de la Libye et des îles Canaries (par exemple, respectivement, *Azul* (Hallo, 2013) de Wassim Korbi, *Sin Eh* (Ces deux-là, 2016) d'Asem Garsa, et *Aman* (Eau, 2015) d'Estrella Monterrey.

Les sujets traités par les films amazighs « grand écran » et par la production audiovisuelle sont certes variés, mais il y a des tendances reconnaissables. Les premiers ont généralement une tonalité épique, mythique voire dramatique, notamment dans le cas des œuvres qui évoquent une histoire locale négligée au regard des perspectives nationales et internationales. Ce type d'inspiration se retrouve également dans les thèmes tirés de la littérature orale, où s'entrecroisent des réflexions sur les difficultés quotidiennes, la rébellion contre les conventions sociales et l'injustice, l'aspiration à la liberté, les conséquences de l'émigration et des influences du monde « globalisé ». Pour ce qui concerne les thèmes et le rythme de la narration de la production audiovisuelle, nous avons parlé de « soaps ruraux » à propos des vidéos en tachelhit du début des années 2000 proposant des histoires situées dans une ambiance rurale, donnant dans la farce plutôt que dans le drame et mettant en jeu des relations familiales et amoureuses (Merolla, 2002). Selon Shafto (2011), ils se caractérisent « *par une certaine naïveté tant dans le sujet que dans le langage filmique. Ils tendent à se concentrer sur la simplicité de la vie dans le pays et sur les charmes de la nature* » (notre traduction). Il faut mentionner que les longs-métrages en tachelhit présentent des éléments de continuité et d'intertextualité avec les comédies des films vidéo ainsi qu'avec les téléfilms, du fait que les cinéastes travaillent souvent pour la télévision en tant que réalisateurs et scénaristes. Tout cela a récemment conduit à des changements dans la technique et dans le choix des thèmes et des genres, aussi bien pour les films vidéo que les films « grand écran ».

Parmi les enjeux soulevés dans les études, nous trouvons l'interrogation concernant la définition de « film amazigh » (Amraoui, Azdoud et Naim, 2016 ; Bouyaakoubi, 2016 ; Carter, 2001 ; Devaux, 2016 ; Idtnaine, 2008 ; Lakhsassi, 2006 ; Merino, 2012 ; Merolla, 2002, 2005, et 2012 ; Merolla, Nait Zerad et Ameziane, 2019 ; Oublal, 2014 ; Sharpe, 2015 ; Jay, 2016). La définition la plus répandue de « film amazigh » repose essentiellement sur la langue utilisée dans les dialogues et les commentaires hors champ. L'imbrication avec les thèmes de la littérature orale et les représentations du monde culturel amazigh sont aussi des acceptions de la définition de « film amazigh ». Frédérique Devaux Yahi (2019) considère par exemple la langue, la nationalité du réalisateur/réalisatrice et la « kabylité » (berbérité) des œuvres. Nous avons ensuite avancé l'idée qu'il est possible de dépasser la question de la définition des films « amazighs » par la nationalité des auteurs et par la langue utilisée en réfléchissant autour de « l'espace littéraire et cinématographique amazigh/berbère » définis par des caractéristiques narratives spécifiques (telles que les références à la variation locale berbère spécifique ainsi qu'à l'histoire, la scène et les personnages berbères) quand celles-ci forment une narration identitaire (personnelle ou collective).

Il sera donc nécessaire une analyse filmique et narratologique fine et précise du discours de chacun film sur les enjeux linguistiques et culturels pour comprendre si la problématique berbère-amazighe constitue une des lectures pertinentes. Il s'agit dans le même temps d'un continuum donné par des appartenances à des champs linguistiques, littéraires et cinématographiques multiples, qui sont inégales en termes de pouvoir géopolitique, et liées à l'interaction entre plusieurs médias (oralité, écriture, cinéma, nouveaux médias) et aux différentes traditions artistiques du contexte multilingue maghrébin et de sa diaspora (berbère, arabe classique, arabe dialectal, français, néerlandais, italien, etc.) (Merolla, 2019 : 15-19). Pour donner un exemple de cas, si la nationalité est prise en question, le film semi-ethnographique analysé par Ahcene Hargas ne saura pas être considéré parmi les films amazighs[1]. Mais l'analyse filmique et narratologique aide à en comprendre le discours sur l'identité linguistique et culturelle en le plaçant dans le continuum de l'espace cinématographique amazigh.

Comme indiqué au début, l'analyse de la mise en scène proposée dans ce volume touche aux questionnements sur l'existence même du cinéma (en) amazigh vue comme dépendant de la compétence technique. Plusieurs concordent par exemple sur l'impossibilité de parler de cinéma amazigh car, d'un côté, il y a peu de films professionnels à cause du manque d'une véritable industrie cinématographique et, de l'autre côté, il y a une production vivace et de quantité mais 'pauvre' en termes non seulement de budget mais aussi de technique et de professionnalité (Hadjadj cité dans Devaux, 2016 : 231-232, Afaqir dans Ouchen, 2010). On mentionne, notamment pour les films vidéo, l'utilisation défaillante de la caméra, avec peu de plongée et contre-plongée, la question de la lumière, presque exclusivement naturelle, ou encore le manque de symbologie des couleurs et la présence d'anachronismes.

Cependant, selon Sandra Carter (2001), il faut considérer que les films vidéo sont réalisés à travers un système de conventions et de récits bien connus, et que l'image, le son, l'édition et l'histoire de beaucoup de vidéos sont de bonne qualité. De façon persuasive, Carter (2001 : 249) écrit ensuite que la production des films vidéo amazighs réagit à une opération calculée de répression liée à l'élitisme et à l'hégémonie des médias étatiques en Algérie et au Maroc. Il faut tenir compte du fait que des cinéastes du circuit informel des films vidéo savent s'adapter et

---

[1] Le film *Imuhar* a eu une production controversée. En raison d'un conflit sur le genre du film (fiction/enfants ou adulte/documentaire), il est « une production présentée par Michel Propper » tandis que Jacques Dubuisson est mentionné à la fin comme « filmeur ».

se professionnaliser, au point de produire des films destinés non seulement à la consommation domestique mais aussi aux salles de cinéma et diffusés dans les festivals de films « d'auteur ». De plus, ces films vidéo sont réalisés dans un circuit de production très vivace et indépendant des financements publics comme des subventions européennes post et néocoloniales.

Pour notre part, en partant d'une approche postcoloniale et transnationale, nous avons appelé cette production vidéo « Amazighwood » (Merolla, 2019) du fait des caractéristiques partagées avec la grande industrie vidéo du Nollywood nigérian, telles que la « composante artisanale », les décors « naturels », la durée de tournage courte, le manque d'attention donné au scénario et la priorité accordée au dialogue, ou encore la production « bon marché » et la distribution organisée *via* un circuit informel, par des distributeurs qui sont aussi les producteurs/réalisateurs (Barrot, 2005 ; Bisschoff, 2015). Comme dans le cas de Nollywood, tout cela devient une stratégie d'accommodation visant à créer une pratique et un discours esthétiques indépendants des modèles dominants de Hollywood mais aussi du « cinéma d'auteur » national et international (Haynes, 2007 ; Barrot 2005). Cependant, une différence remarquable est que les films vidéo nigérians présentent notamment la vie urbaine, tandis que ceux amazighs proposent de montrer la vie rurale tant dans la sévérité et l'honnêteté que dans la naïveté, la jalousie et la rudesse des villageois.

La comparaison avec le contexte des cinémas africains nous indique que, en premier lieu, nous pouvons bien parler de cinéma amazigh d'auteur, mais non pas d'industrie cinématographique formelle. Pourtant, se limiter aux films « grand écran » pour définir le cinéma berbère ne ferait que renvoyer à la tendance qui est de favoriser le film vu comme l'œuvre d'un auteur – le réalisateur – plutôt que comme une œuvre collective, une industrie, qui comprend les acteurs, le producteur et le distributeur, et même le spectateur en ce qui concerne l'appréciation (voir Leveratto, 2003). Au contraire, il serait plus judicieux de ne pas écarter les exemples qui ne correspondent pas au modèle du cinéma d'art, comme les films vidéo, ainsi que les continuités entre les films « d'art » et les films commerciaux, grand écran ou vidéo.

L'analyse de la mise en scène des films « grand écran » et « vidéo » berbères proposée dans ce volume nous amène à affiner l'analyse narrative, car ces éléments techniques ont un impact sur la narration filmique et sur la (ou les) interprétation(s) du public (Verstraten, 2009). Les articles sélectionnés aident ensuite à approfondir et affiner le discours sur l'« émergence » du cinéma amazigh en rapport avec les compétences techniques et, peut-être, à revoir les propositions sur « l'absence » d'un cinéma amazigh grâce à l'analyse du langage cinématographique utilisé dans les films amazighs « grand écran » et « vidéo ».

Dans le premier article, « La symbolique du cadrage dans *Iperita* de Mohamed Bouzaggou », **Mustapha El Adak**, nous présente un réalisateur « self-made » qui, tirant son expérience du théâtre et de l'écriture littéraire en amazigh, développe une utilisation très symbolique du cadrage des espaces et de la lumière pour narrer un crime de guerre contre les Berbères du Rif oublié dans le discours national marocain comme dans le monde de la politique internationale. L'article de **Saïd Adel**, « Cinéma amazigh : du récit oral au récit cinématographique », touche au transfert de la parole orale au langage cinématographique en tant que « *parole mise en scène* » et « *acte social* » au-delà du réalisme linguistique et culturel en fonction identitaire. Analysant non seulement les premiers films « classiques » (grand écran) en berbère kabyle (Algérie) tels que *La Colline oubliée*, *Machaho* et *La Montagne de Baya*, mais aussi *Les Rameaux de feu* (1982) joué en arabe, son article participe à la réflexion sur la définition de « cinéma amazigh ». Une telle problématique définitoire est aussi présente dans les deux articles suivants. **Salima Tenfiche**, dans « Nouvelles formes du cinéma berbère. Le cas de *Lmuja* (Omar Belkacemi, 2018) », propose de montrer comment *Lmuja* se distingue des premiers films amazighs étudiés par Adel, par le renouvellement des formes filmiques et par la mise en scène ancrée dans la ville et dans le temps présent de la société algérienne contemporaine. Si les acteurs y parlent berbère, « *le film s'inscrit dans une dynamique cinématographique à l'œuvre* *dans l'ensemble du cinéma algérien depuis la fin de la guerre civile* ». De son côté, **Ahcene Hargas** interroge le film ethnographique dans « Le cinéma berbère selon le régime esthétique de l'art : le cas du film *Imuhar* réalisé par Jacques Dubuisson, 1997 ». Tandis que d'autres critiques (Barlet, 1997, 2016) interprètent le film *Imuhar* comme un « *portrait idyllique* » d'une société présentée comme « *immuable* », Hargas considère que ce film s'accorde au « *régime esthétique* » selon Rancière (2014) et que l'ethnographie arrive à restituer des modalités de transmission de la connaissance spécifiques entre Khanan et son grand-père Kenûni qui est le « *Maître ignorant* » ayant la capacité intellectuelle de « *générer de l'intelligence dans un rapport d'égal à égal* ». Dans ce sens, l'article de Hargaz invite à considérer le film ethnographique en question comme faisant partie de ce que nous avons appelé « *l'espace cinématographique amazigh* » multilingue, multimédia, et traversé par plusieurs appartenances et relations de pouvoir. Dans « Les procédés de mise en scène filmique dans *Itto Titrit* de Mohamed Oumouloud Abbazi », **Tijani Saadani** montre également le travail sur les composantes iconiques, les structures narratives et les procédés de mise en scène fait par le réalisateur. Ces ressources participent d'un système « classique » et idéologique répandu dans le cinéma national et international (s'appuyant sur la dichotomie « colonisateur/colonisé », « tradition/modernité », etc.) et les choix esthétiques et techniques effectués suivent le cadre nationaliste dominant. Il s'agit d'un film « grand écran » en 35 mm, mais l'expérience du réalisateur dans les films « Amazighwood » est bien perceptible, comme on peut le constater en le comparant aux éléments mis en évidence dans l'article suivant. Dans « The Invisible alternative : Film settings as Ideoscapes. The Amazigh Moroccan film in the Souss as a case study », **Ali Oublal** analyse les techniques cinématographiques des films « Amazighwood ». Par le rôle du décor et des lieux du paysage dans la construction du discours filmique, il montre que dans certains cas les réalisateurs de films vidéo, bien que dénués de formation cinématographique « d'école », ont mis à profit leur connaissance du « sous-texte » constitué par la symbologie liée aux lieux et à leurs noms dans la langue et la tradition orale amazighes. Le dernier article de **Brahim**

Hasnaouy et **Mohamed Zeroual** se focalise également sur les lieux, notamment sur la mise en scène du Rif dans les films amazighs marocains. Les auteurs montrent qu'il existe une approche filmique largement variée, du film de fiction au documentaire, mais en tout cas les réalisateurs, mettant en scène leur espace, expriment un attachement émotionnel d'appartenance aux lieux. Ces films présentent un caractère mémoriel mais actualisé par rapport aux conséquences du passé dans le présent, en particulier en ce qui concerne le protectorat espagnol dans le nord du Maroc et la guerre du Rif (1921-1927), avec les répercussions de l'utilisation coloniale des armes chimiques, ainsi que dans le cas de la révolte postcoloniale des années cinquante et des migrations espagnole et marocaine. Selon les auteurs, la mise en scène dans les films des jeunes réalisateurs rifains fait du Rif un objet majeur de territorialité dans le cinéma marocain. Enfin, un entretien conclut le volume fournissant un témoignage précieux sur la relation à l'image dans le monde rural et urbain amazigh grâce à l'expérience et à la perspective du réalisateur **Ivan Boccara** qui réalise des films documentaires dans l'Atlas marocain à partir de 1991, documentant depuis lors les changements du monde rural amazigh.

Références bibliographiques

Amraoui, Abdelaziz, Azdoud, Driss et Naim Rachid (dir.). (2016). *Le Cinéma et les Amazighs. Actes du colloque international, 10ᵉ édition des journées cinématographiques de Safi, mai 2015*. Rabat : IRCAM.

Barlet, Olivier. (1997). Imuhar, une légende de Jacques Dubuisson. *Africultures*, 31 octobre, URL : http://africultures.com/imuhar-une-legende-191/

Barlet, Olivier (2016). *Contemporary African Cinema African Humanities and the Arts*. East Lansing : Michigan State University Press.

Barrot, Pierre (dir.). (2005). *Nollywood. Le phénomène vidéo au Nigeria*. Paris : L'Harmattan.

Bisschoff, Lizelle (2015). From Nollywood to New Nollywood: the story of Nigeria's runaway success. *Conversation*, 28 septembre, URL : http://eprints.gla.ac.uk/140329/1/140329.pdf

Bouyaakoubi, Lahoucine. (2016). Le film amazigh du Souss : Préservation d'un patrimoine, diffusion d'un « dialecte » et redéfinition d'une région. In *Le Cinéma Amazigh. Actes du colloque du 7e Festival International du Film Amazigh, Agadir 2013*, pp. 33-54. Ayt Melloul : Issni n Ourgh.

Carter, Sandra G. (2001). Representational Power and Identity in Video Films. *Gazette*, vol. 63, n° 2-3, pp. 241-262.

Devaux Yahi, Frédérique. (2016). *De la naissance du cinéma kabyle au cinéma amazigh*. Paris : L'Harmattan.

Devaux Yahi, Frédérique. (2019). Entretien avec Frédérique Devaux Yahi. In Daniela Merolla, Kamal Naït Zerad et Amar Ameziane (dir.). *Les cinémas berbères. De la méconnaissance aux festivals internationaux,* pp. 207-210. Paris : Karthala.

Haynes, Johannes. (2007). Nollywood in Lagos, Lagos in Nollywood Films. *Africa Today*, vol. 54, 2, pp. 131-150.

Idtnaine, Omar. (2008). Le cinéma amazigh au Maroc. Éléments d'une naissance artistique. *Africultures*, 19 octobre, URL : http://africultures.com/le-cinema-amazigh-au-maroc-8117/

Jay, Cleo. (2016). Playing the 'Berber': the performance of Amazigh identities in contemporary Morocco. *The Journal of North African Studies*, vol. 21 (1), pp. 68-80.

Lakhsassi, Abderrahmane. [2005] (2006). État de la culture amazighe après 50 ans d'indépendance. Théâtre, Cinéma-Vidéo, Roman, Poésie. In *Abhatoo – Centre national de documentation*, URL : http://www.abhatoo.net.ma/maalama-textuelle/developpement-economique-et-social/developpement-social/culture/culture-amazighe/etat-de-la-culture-amazigh-apres-50-ans-d-independance-theatre-cinema-video-roman-poesie

Leveratto, Jean-Marc. (2003). Histoire du cinéma et expertise culturelle. *Politix*, vol. 16, n° 61, pp. 17-50, URL : http://www.persee.fr/doc/polix_0295-2319_2003_num_16_61_1255

Merino, Leonor. (2012). Cine Magrebí : préstamos literarios, ideológicos y estéticos. In Rafael Alemany Ferrer et Francisco Chico Rico (dir.). *Literatura y Espectáculo*, pp. 395-404. Alicante : Sociedad Española de Literatura General y Comparada, Universidad de Alicante.

Merolla, Daniela. (2002). Digital Imagination and the 'Landscapes of Group Identities': the Flourishing of Theatre, Video and 'Amazigh-Net' in the Maghrib and Berber Diaspora. *The Journal of North African Studies*, vol. 7, n° 4, pp. 122-131.

Merolla, Daniela. (2005). De la parole aux vidéos. Oralité, écriture et oralité médiatique dans la production culturelle amazighe (berbère). *Afrika Focus*, vol. 18, n° 1-2, pp. 33-57.

Merolla, Daniela. (2019). Peut-on parler de cinéma amazigh ? Les films « grand écran » et Amazighwood. Comparaisons avec le cinéma africain. In Daniela Merolla, Kamal Naït Zerad et Amar Ameziane (dir.). *Les cinémas berbères. De la méconnaissance aux festivals internationaux*, pp. 13-74. Paris : Karthala.

Merolla, Daniela, Naït Zerad, Kamal et Ameziane, Amar (dir.). (2019). *Les cinémas berbères. De la méconnaissance aux festivals internationaux.* Paris : Karthala.

Mignolo, Walter. (2009). Who Speaks for the 'Human' in Human Rights. *Hispanic Issues Series*, vol. 5, n° 1, URL : http://hdl.handle.net/11299/182855

Oublal, Ali. (2014). *The Amazigh Film. In Souss, from Oblivion to the International Scene*. Ait Melloul : Issni n Ourgh.

Ouchen, Said. (2010). Entretien avec Mustapha Afaqir, directeur du Festival amazigh. *Libération*, le 30 décembre.

Shafto, Sally. (2011). Celebrating Amazigh Culture : The 5th National Festival of Amazigh Film. *Senses of Cinema*, n° 58, mars, URL : http://sensesofcinema.com/2011/festival-reports/celebrating-amazigh-culture-the-5th-national-festival-of-amazigh-film/

Sharpe, Mani. (2015). Representing masculinity in postcolonial Algerian cinema. *The Journal of North African Studies*, vol. 20, n° 3, pp. 450-465.

Verstraten, Peter. (2009). *Film Narratology*. Toronto : University of Toronto Press.

1

Esthétique et symbolique du cadrage dans *Iperita* de Mohamed Bouzaggou

Mustapha El Adak

Le propos du film

Iperita est le premier long-métrage en tarifit du réalisateur Mohamed Bouzaggou[1]. Sorti en 2017, ce film retrace l'histoire de José, un militaire retraité de l'aviation espagnole qui a participé au bombardement à l'arme chimique des civils pendant la guerre du Rif (1921-1926). Asphyxié lors d'un accident, il échappe à la mort grâce à l'aide d'une femme rifaine. Après plusieurs années passées en Espagne, il revient au Rif sous une fausse identité. Étrange retour sur les lieux du crime. En effet, José est rongé par la culpabilité d'avoir donné la mort à des innocents, c'est pourquoi il décide de venir vivre parmi eux. Le hasard fait qu'il soit accueilli par Timouch, la fille de la femme qui l'a secouru lorsqu'il s'est vu mourir dans son accident. Installé chez elle, il découvre que le cancer fait des ravages dans la région. C'est d'ailleurs le cas de Timouch qui perd sa mère, puis son père et, vers la fin du film, c'est elle qui s'éteint dans la douleur après avoir lutté contre la maladie et les abus du pouvoir des autorités locales. Identifié par Zian (journaliste), José finit par avouer sa véritable identité et s'engager à dénoncer les crimes commis par l'Espagne envers le Rif et à sensibiliser l'opinion publique aux risques de l'ypérite sur la santé de la population exposée.

---

[1] Outre sa carrière de réalisateur et de producteur, Mohamed Bouzaggou est aussi l'un des plus importants écrivains de langue amazighe au Maroc. Sa production audiovisuelle (films, téléfilms, séries télévisées, etc.) comme son œuvre littéraire (romans, nouvelle et théâtre) témoignent d'un grand intérêt pour la culture, l'histoire et la mémoire collective de la région du Rif.

Introduction

Auréolé de plusieurs prix[1] depuis son apparition en 2017, *Iperita* de Mohamed Bouzaggou compte parmi les plus grands succès du cinéma amazigh, en l'occurrence rifain. Un film tragique qui se distingue non seulement par son réalisme affûté en abordant l'usage de l'ypérite (gaz moutarde) pendant la guerre du Rif (1921-1926), mais aussi par l'esthétique et la symbolique du cadrage adopté par le metteur en scène. En effet, ce film qui se présente comme un documentaire-fiction soulève plusieurs questions. Outre les conséquences mortelles des armes chimiques de destruction massive utilisées par l'Espagne pour bombarder la population rifaine, il y a une réalité complexe où se croisent les abus du pouvoir politique à l'échelle locale, la situation alarmante de l'enseignement dans les zones rurales, la condition de la femme, la paix et la fraternité humaine, etc. Bien entendu, établir les aspects visuels et dramatiques liés à ces faits ne peut s'inscrire uniquement dans une visée sémantique intelligible. Le jeu sur les effets du cadrage et aussi sur les éléments scéniques (lumières, couleurs, décor, images, objets, etc.) est à cet égard digne d'intérêt. C'est par leur structuration que la réalisation du film s'établit, et par là même suggère un sens donné pour le spectateur. Tout le sens du film est en effet contenu dans ce jeu qui fait voir des réalités diverses tout en les dissimulant.

Partant de ce constat, les enjeux du cadrage nous interpellent quant à leur signifiance. On le sait, le langage cinématographique - comme le langage poétique - ne fait pas souvent l'objet d'une lecture littérale. Au contraire, il constitue un système dont tous les éléments concourent à produire du sens autrement. La question n'étant pas de révéler l'intention exacte du réalisateur, mais de fournir des interprétations qui répondraient d'une manière ou d'une autre à sa vision du sujet abordé au niveau

[1]Prix du meilleur scénario dans plusieurs festivals : Festival National du Film (Tanger, 2017), Festival International de Cinéma et Mémoire Commune (Nador, 2017) et Festival International du Film Amazigh *Issni n Ourgh* (Agadir, 2018). Prix de la meilleure interprétation féminine au Festival International de Cinéma et Mémoire Commune (Nador, 2017) et Mention spéciale au Festival International du Film Oriental (Genève, 2018).

social, historique, politique, etc., et ce à partir des éléments significatifs constituant la trame du film. Comme le souligne Raphaëlle Costa de Beauregard :

> « le filmique (plan du contenu) est entièrement soumis au cinématographique (plan de l'expression). Il y a donc bien, répétons-le, non seulement discours filmique (plan du contenu, histoire représentée) mais aussi discours cinématographique, c'est-à-dire cohérence et sens véhiculé par des éléments faisant système pour un spectateur qui y investit l'image d'une source énonciative. (Beauregard 1999 : 5).

De là à dire que, dans *Iperita,* le cadrage avec tout ce que cela comporte comme expression d'une réflexion personnelle ou d'une pensée est aussi doté de valeurs symboliques. Il est alors intéressant d'interroger ces valeurs tissant la cohérence descriptive et narrative du film et de montrer que derrière le premier degré de l'échelle des plans, des angles de prise de vue, des lumières et des espaces choisis, il y a un second degré qui ne se laisse deviner qu'en fonction de la relation entre émetteur-récepteur-objet. Les éléments iconiques sont ainsi envisagés par référence à leur fil conducteur :

> C'est généralement par la comparaison avec un ensemble d'images (auxquelles l'objet de l'étude peut être relié par un certain rapport de ressemblance) que l'analyste parvient à expliciter, « en substance », quelques messages secrets de l'image (Anne Hénault 2008 : 12-13)

Cette intention de développer un univers de sens second, on la retrouve d'ailleurs dans l'affiche du film. En dehors des avions en mission de mitraillage et de la forteresse espagnole située en haut d'une colline qui réfèrent ostensiblement à la guerre, d'autres éléments l'évoquent de façon allusive. Ces éléments se résument essentiellement au rôle des nuages dans l'opposition de la clarté du ciel vu du haut en bas et à leur effet sur le sol. Un sol caillouteux, pauvre et dépourvu de végétation, à l'exception de quelques buissons épars. Intégrée sémiotiquement à la constitution de l'image, une partie des nuages couvrant le ciel forme les lettres du titre *Iperita*, ce qui est une analogie entre la typographie choisie et le thème du film. En effet, la manière dont les lettres du titre sont écrites n'évoque pas seulement la fumée des bombardements. En plus de cette matière qui se dégage de corps en combustion, il y a lieu de noter que le nuage symbolise la « dissimulation » et l'« insaisissable ». Le jeu d'opacité et de simulation annoncé ici domine les nombreux moments de la mise en scène sur les plans de l'éclairage, de l'espace et du dialogue.

Toujours au niveau de l'affiche, on ne peut ne pas relever la composante visuelle qu'est la couleur et qui, elle aussi, constitue un élément clé de la désignation imagée. On y constate que le sol - rifain - et la forteresse espagnole sont de la même couleur que la moutarde, ce qui est une représentation du gaz utilisé pour assujettir le Rif. On notera par ailleurs que le vestimentaire dans l'ensemble du film suggère de comprendre la même représentation de cette arme chimique. Miloud (l'instituteur), Sliman (le directeur d'école), Marzouk (l'élève orphelin de père), Timouch (l'autre héroïne du film) portent tous des habits de couleur jaune assombri ou nuancé. C'est aussi dans ce jeu d'association et de cohérence entre plusieurs composantes scéniques que réside l'intérêt de l'esthétique adoptée par le réalisateur.

Sans exception, tous les thèmes abordés dans le film permettent une analyse sémiotique montrant que les images qui les expriment admettent la possibilité de signifier autre chose que l'objectivité de leur sens dénoté. Par conformité à l'évolution de la trame de l'histoire, il nous est apparu intéressant de réfléchir sur quelques aspects pertinents de la signifiance soutenant son articulation séquentielle. Ce choix est motivé par l'intérêt des procédés employés subtilement par le metteur en scène afin d'aborder un sujet sensible, suscitant des réactions peu claires et équivoques. Il n'est pas inutile de rappeler à ce propos qu'un grand silence règne sur la question de l'ypérite depuis des décennies. Le Rif est connu pour être la première région du monde à subir des bombardements aériens à base de ce gaz toxique. Pour les utilisations précédentes, c'étaient des bombardements d'artillerie comme c'est le cas à Ypres en Belgique où il est utilisé pour la première fois en septembre 1917, d'où le nom d'ypérite par dérivation.

Le cadrage comme métaphore complice du récit

Comme il a été évoqué précédemment, *Iperita* use de plusieurs procédés esthétiques et symboliques pour traiter de la question délicate et embarrassante des armes chimiques utilisées contre le Rif. Tous ces procédés se ramènent au cadrage qui cible le contenu de l'image présentée au regard du spectateur. Précisons d'emblée que cadrer c'est choisir la taille d'un plan, l'angle de la prise de vue, l'espace représenté, le type d'éclairage adopté, etc. Fortement imbriqués les uns dans les autres, tous ces éléments participent ensemble à la métaphore de l'image. À ce titre, la progression narrative ne devrait pas s'inscrire uniquement dans le temps. Tous les éléments évoqués sont des grandeurs sémiotiques qui indiquent l'enchainement des événements et transmettent des informations et des émotions. C'est justement en cela que la succession des faits dans *Iperita* est susceptible d'être suivie et saisie du début jusqu'au point d'aboutissement à travers ces grandeurs révélatrices d'un sens donné.

Partant de là, on peut avancer que ce que dit le film au sujet de l'ypérite - comme c'est d'ailleurs le cas pour d'autres thèmes qui y sont abordés – ne s'arrête pas à la fonction référentielle[1] du langage cinématographique. En plus de l'attention centrée sur le contenu de l'histoire, il y a la fonction poétique qui revêt une importance capitale, en ce sens qu'elle prend ce langage lui-même comme objet :

> « Cette restitution du réel n'est pas la fin (sauf dans le cas du documentaire scientifique et technique : le cinéma est alors un simple moyen d'expression) mais le moyen de l'art du film. Il ne s'agit pas de recopier le réel (ce qui serait sans intérêt artistique) mais de le recréer ou, plus exactement, de recréer une perception du réel, celle du réalisateur » (Marcel Martin 1955 : 14).

---

[1] Cf. Roman Jakobson (1963).

De fait, c'est le jeu sur les signifiés des supports matériels des images comme signes qui est visé en établissant des rapports analogiques entre des réalités éloignées les unes des autres. Comme nous allons le constater à partir de l'analyse de quelques-uns des plans du film, ce qui est donné à voir est pris dans un réseau d'associations et de significations qui le surdéterminent.

On peut ainsi dire que parallèlement au récit, la métaphore dans *Iperita* raconte à sa façon les différentes phases de l'intrigue. À ce titre, la mise en scène témoigne d'un important travail d'enlacement sémantique et symbolique. Force nous est de constater qu'au cours des premières séquences du récit, les personnages n'abordent le sujet de l'ypérite et des drames qui en sont résultés que dans des espaces clos où la luminance du fond est nulle et celle des personnages est tantôt faible, tantôt moyenne. Mais, au fur et à mesure que les moments du récit avancent, ces espaces s'ouvrent progressivement sur l'extérieur et la lumière devient de plus en plus claire. L'ypérite en tant que sujet central de préoccupation du film se reconnait donc à ce signe qu'il tend à se poser dans des plans particuliers. L'articulation de l'ensemble des éléments composant ces plans montre comment un tel sujet hiérarchise son espace, crée son propre éclairage et cadre ses personnages selon une vision sémiotique qui s'offre comme une totalité organisée.

Ainsi concluons-nous que la mise en jeu de l'éclairage et sa relation avec l'espace cadré pour rendre sensibles certains moments précis de l'intrigue est sans doute l'un des procédés scéniques les plus dominants dans le film. Cet éclairage se réalise souvent sous sa forme directionnelle dans un cadre où la luminance du fond ou celle de l'ensemble des bords est nulle. Il en ressort que les personnages et quelques objets meublant l'espace à l'intérieur du cadre sont éclairés de façon faible ou moyenne. Couleur représentant l'un des éléments essentiels de la forme signifiante de l'expression de la pensée et des sentiments liés au sujet de l'ypérite, le noir prend tout son sens. Il est un refuge pour une parole frappée de silence. Un refuge au temps de la réflexion menée par des hommes qui s'acharnent dans une quête éperdue de justice et de vérité. Et tant que la lumière n'est pas encore diffuse, le nœud persiste et le noir nous plonge dans un univers où règnent la mort, l'incertain et l'opposition.

À regarder de plus près ces différents plans à dominante sombre, notons le recours au plan à deux équilibré et sous forme de plongée (représentation dont le point de vue est situé au-dessus du sujet ciblé) et au plan à deux déséquilibré montrant les personnages en désaccord. Dans le premier cas, les personnages affichent leur harmonie et réfléchissent ensemble sur les conséquences de l'ypérite afin de trouver des solutions pouvant apaiser les inquiétudes de la population. Quant au deuxième cas, il s'agit plutôt d'un moment de discorde où les personnages affichent leur désaccord sur le sujet débattu.

L'ypérite : la métaphore prédictive

Iperita recourt à de nombreux plans d'ensemble dont le rôle est de situer les personnages dans le décor et de fournir une atmosphère quelconque. C'est la fonction assignée au plan sur lequel s'ouvre le film et qui situe le voyage de l'instituteur (protagoniste du film) dans un contexte géographique particulier. Dès le début, ce plan en plongée légère s'avère énoncer, par transposition analogique, la difficulté du déroulement futur du récit. Il est en quelque sorte un avertissement au spectateur, rappelant que l'histoire qui l'attend est difficile à démêler.

On voit une voiture avancer lentement sur un chemin étroit et sinueux, allant de la mer à la montagne qui abrite le village où se déroule l'intrigue du film. Ce plan qui renseigne davantage sur le cadre dans lequel se situe le protagoniste du film nous interpelle pour comprendre au moins deux inférences : 1) celle de la frontière maritime qui rappelle l'Espagne, à savoir que l'Andalousie est à 150 km à vol d'oiseau. 2) celle d'un chemin en pente qui fait des tours et des détours pour arriver au village où est affecté l'instituteur. Sur le plan thématique, on est donc à cheval entre deux pays : l'un est colonisé (le Maroc), l'autre est colonisateur (l'Espagne). Et du chemin tortueux qui mène au haut de la montagne et qui semble mettre en relation les deux pays voisins, se dégage la difficulté de comprendre pleinement les tenants et aboutissants de l'utilisation des armes chimiques lors de la guerre du Rif. Par analogie, ce chemin à la fois sinueux et en montée est celui de la question des armes chimiques dont ont été victimes les populations civiles rifaines. Une question doublement compliquée car, d'une part, elle nécessite assez d'efforts pour la comprendre et, d'autre part, elle implique des vérités qui s'éloignent et se dérobent.

Par ce jeu d'image, le contexte géographique glisse ainsi vers une représentation de la question de l'ypérite enfouie dans l'ombre et le silence. Cela dit, sans perdre de vue le fait que la guerre du Rif est une affaire dans laquelle sont impliquées plusieurs puissances coloniales (France, Allemagne, les États-Unis) comme le rappelle Zian dans le film. En effet, le sujet de l'ypérite est tabou tant pour le Maroc que pour l'Espagne et ses complices. Si le Maroc n'en parle pas (officiellement), c'est probablement une manière de discréditer la résistance rifaine menée par le chef de la guérilla Mohamed ben Abdelkrim El Khattabi contre le colonialisme espagnol, mais aussi français. Pour l'État espagnol, il va de soi qu'en tant que pays colonisateur, on ne peut s'attendre à ce qu'il reconnaisse ses crimes de guerre.

Malgré la mobilisation d'une partie de la presse et de certaines forces politiques aussi bien au Maroc qu'en Espagne, la question de l'usage de l'ypérite au Rif reste toujours sans réponse et en suspense. En Espagne, le parti catalan Esquerra Republicana de Catalunya soumet, en 2007, un projet de loi au parlement sur la reconnaissance officielle de l'État espagnol dans le bombardement du Rif par ce gaz mortel, mais il a été rejeté par la majorité constituée du Parti socialiste ouvrier et du Parti populaire de droite. Au Maroc, à part la mobilisation limitée de quelques rares parlementaires de gauche et de certains acteurs associatifs, en particulier ceux du Centre de la Mémoire Commune pour la Démocratie et la Paix (CMCDP), la question semble être totalement ignorée aussi bien par le gouvernement que par la majorité des partis politiques. Par ailleurs, n'oublions pas le surgissement social autour de l'ypérite lors du Hirak du Rif[1]. L'une des revendications prioritaires brandies par les contestataires est la construction d'un centre d'oncologie. Voilà qui rappelle une fois de plus que le Rif a subi le mitraillage espagnol meurtrier et qu'il connait le taux de cancer le plus élevé du Royaume.

Assentiment et cause commune

La toute première plongée du film remarquable par son atmosphère sombre montre Achour (fossoyeur) et Miloud (enseignant récemment arrivé dans le village). Le premier renseigne le second sur la propagation du cancer et le nombre de morts qui s'accroît de jour en jour dans la région. Il ne s'agit pas d'une plongée exagérée pour entasser les personnages et leur faire perdre leur forme humaine. D'ailleurs, ils ne sont pas présentés dans un sens vertical pour qu'il puisse y avoir un raccourcissement ou une impression d'écrasement. Étant allongés sur le dos, l'un près de l'autre, se regardant dans les yeux ou regardant dans la même direction en discutant des ravages causés par le cancer, la plongée, en plus du plan moyen qui cadre les deux personnages en entier et l'effet de l'ombre dans une pièce noire, seraient une représentation de personnes en harmonie, stables, et confiantes, mais aussi de personnes adoptant la position des morts, vu leur sujet de discussion.

Il en va de même pour Miloud et Zian (journaliste) lorsqu'ils sont allongés sur le dos, l'un à côté de l'autre ou lorsqu'ils sont vus en plongée légère dans un contexte sombre en train de dîner l'un en face de l'autre. Dans les deux cas, la plongée, par son caractère moins accentué, et le plan moyen ou le plan taille qui cadre les personnages à la ceinture indiquent le fait que les personnages sont en parfaite entente et qu'ils tendent vers les mêmes objectifs.

Placée en plongée plus ou moins accentuée, la caméra montre, dans les trois cas évoqués, des personnages dialoguant dans des

---

[1] Le mouvement de contestation qui s'est développé au Rif entre 2016 et 2019, après la mort du commerçant poissonnier Mohcine Fikri le 28 octobre 2016, a été durement réprimé par le gouvernement marocain. [Note de la rédaction].

espaces clos et sombres. La prise de vue comme l'absence de lumière témoignent d'une situation difficile où ils sont face à une crise insurmontable, impliquant des efforts pour s'en sortir. La quête de solutions qui est une préoccupation majeure pour Miloud et Zian permet au récit de progresser, et par conséquent de déboucher sur d'autres plans laissant apparaître des espaces et des lumières investies de valeurs distinctes.

Ainsi, le dialogue entre l'instituteur et le journaliste cesse d'être engagé dans un espace clos pour être suivi dans un espace ouvert, mais obscur. C'est ce que montre le plan nocturne lorsqu'on les voit assis côte à côté le dos à la caméra, sans doute perdus en admiration devant les étoiles étincelantes qui recouvrent le ciel de nuit. Ici, l'idée de prédiction est incontestable, à savoir que le récit révèle ses événements futurs par une sorte de prolepse métaphorique. La nuit comme le noir sont l'incarnation du mystère et de l'inconnu, mais les étoiles apparaissant en toute transparence dans l'étendue du ciel font écho à l'éveil progressif de la conscience, ce qui est un signe d'espoir et de réussite. La suite du récit confirmera bien cette anticipation à la fois métaphorique et narrative liée à la figure des étoiles.

À l'opposé des séquences se déroulant dans des espaces clos et obscurs ou à ciel ouvert mais pendant la nuit, notons l'importance de la séquence se rapportant à la longue marche de Miloud et Zian sur le chemin de l'école. On se rapproche et on s'éloigne d'eux par divers travelings (face et arrière). Ce jeu de prise de vue situe les deux personnages dans un espace vaste où l'on peut constater la longueur du chemin emprunté. Comme d'habitude, le sujet de discussion n'est autre que la guerre du Rif et le recours de l'armée espagnole à l'usage des armes chimiques pour écraser la résistance rifaine. C'est le moment de la journée, et donc l'ensemble des plans de la séquence se caractérise par une lumière diffuse qui disperse le regard et ne laisse apparaître ni contraste ni relief de l'espace et des personnages mis en image. La parole est monopolisée par Zian qui informe son camarade de l'aide fournie par l'Allemagne et la France à l'armée espagnole, de l'existence des bombes chimiques dans la région de Nador, des noms ou symboles attribués au gaz moutarde et de ses conséquences sur la santé.

Les différents plans de la séquence sont équilibrés, vu que les deux personnages marchent ensemble côte à côte. Tout indique un climat de confiance et de bonne entente entre eux, même si Miloud émet des réserves quant à certaines vues exprimées par Zian. Et pour mettre un peu d'humour dans ses prises de parole, l'enseignant s'amuse de temps en temps avec les mots comme lorsqu'il répond à Zian qui compte approfondir ses recherches concernant les infractions commises par l'armée espagnole :

- *ttwariɣ ixeṣṣ a narzu mliḥ di manaya* : je crois qu'il faut qu'on cherche à comprendre cela davantage.
- *nec ttwariɣ ixeṣṣ a nraḥ a narzu min ɣa necc, aqa yadan inu sɣuyyun* : moi, je crois qu'il faut qu'on aille chercher quoi manger, mes intestins sont en train de crier (mon ventre gargouille de faim).
ou encore lorsqu'il (Zian) cite les différentes dénominations de l'ypérite et s'attarde à expliquer ce qu'est C uno :
- *maca C uno d wenni tuɣa zi iccat aṭṭas, wenni dac nniɣ amenni qqarn as Iperita* : mais C uno c'est le gaz auquel elle (Espagne) recourait souvent, celui dont je t'ai parlé et qui s'appelle Iperita.
- *nec ssneɣ Perrit waha* : moi je ne connais que Perrit[1].

On comprend donc que l'espace ouvert et la lumière diffuse qui en résulte sont des éléments possédant une connotation euphorique. La durée de la marche et les personnages tantôt filmés de face, tantôt de dos laissent entendre que le spectateur est introduit dans des lieux nouveaux qui lui sont encore inconnus. C'est vers ces lieux que mène le long chemin emprunté par des lanceurs d'alertes. Le dur chemin de la lutte qui rappelle la nécessité d'expérimenter sa distance et sa quête jusqu'à ce que la vérité soit rétablie. Comme le souligne à juste titre Zian : « *ḍḍuṣi ya*

[1] Perrit est le surnom de l'agent de l'autorité complice du maire du village. Il a violé Timouch à deux reprises et il l'a mise enceinte, il est impliqué dans l'emprisonnement de l'enseignant qui dénonce la corruption dans l'école et la commune du village, etc.

yudjeɣ, ixeṣṣ a negg mamc t id ɣa nejbed : cette affaire est compliquée et notre but est de savoir comment l'éclairer ».

Le temps de la discorde

Au fil de l'avancement du récit, les plans équilibrés montrant l'harmonie de Miloud et Zian se transforment en plans déséquilibrés suite à un désaccord au sujet de l'ypérite. Contrairement à Zian qui est sûr de son combat et déterminé à porter la cause de cette arme chimique devant les instances internationales comme les Nations Unies, Miloud semble réticent à cette idée. Pour lui, la mort des villageois ne serait pas nécessairement la cause de l'ypérite. De même, il n'y a pas assez de preuves pour justifier le recours de l'Espagne à l'arme en question durant la guerre du Rif. Ici, la différence d'opinion entre les deux personnages est consubstantielle aux plans qui les montrent dialoguant dans le noir. Et tout en se justifiant, ils s'ignorent en regardant chacun dans une direction différente. On comprend donc que la dualité entourant le sujet de l'ypérite correspond à des procédés de cadrage différents.

Le jeu sur la lumière et l'espace caractérise aussi les plans à deux déséquilibrés relatifs aux deux moments de dialogue entre Zian et José (l'ex-militaire espagnol). Ces plans se rapportent à une scène du plus haut intérêt. Ils indiquent que le récit conduit à une intrigue de révélation dont l'action transformatrice consiste en ce que Zian doute de l'identité de José resté jusque-là incognito. À travers de nombreux détails, il tente de révéler sa vraie identité et de comprendre pourquoi il s'est installé parmi les habitants du village. En effet, cette révélation n'est pas immédiate, elle suit une progression parallèle à la transition spatiale et lumineuse.

D'abord, dans un contexte obscur, les deux personnages sont séparés par une cloison laissant apparaître le journaliste dans une zone suffisamment illuminée et José faiblement éclairé. La silhouette noire et sans consistance de ce dernier est ici entendue au sens de l'assombrissement des perspectives au sujet de l'ypérite. Par métonymie, l'homme incarne l'État espagnol et c'est à travers cette association que l'Espagne est impliquée dans le film et qu'elle est amenée à reconnaître ses crimes commis à l'encontre des civils rifains comme le réclame Zian.

Ensuite, le dialogue se poursuit entre les deux personnages dans un patio se trouvant derrière la maison de Timouch qui accueille l'ex-militaire. Le ciel est ouvert, mais l'espace est clos. L'un et l'autre sont à l'image de l'intrigue. Le vrai nom de José est maintenant Jiménez Rodrigo Barranco. Zian le contraint à reconnaître sa vraie identité et à demander pardon au nom de son pays pour qu'il retrouve sérénité et paix intérieure :

> « Si maintenant ton pays n'a pas le courage de reconnaître ses actes barbares, d'avoir tué des innocents et leur demander pardon, fais-le, toi. C'est une occasion de te réconcilier avec toi-même, avec tes victimes et également mettre l'Espagne devant ses responsabilités et attirer l'attention du monde entier sur cette partie obscure de l'histoire de l'humanité »[1].

Malgré les fortes pressions exercées sur lui, José persiste dans ses mensonges et refuse de reconnaître sa responsabilité dans les crimes qui lui sont reprochés en tant que pilote de l'aviation espagnole. De fait, la question de l'ypérite n'est pas encore claire, mais elle laisse entrevoir un chemin vers un possible aveu.

Au niveau interactionnel, les plans déséquilibrés montrant le dialogue entre les deux personnages dans le patio s'avèrent particulièrement significatifs. Cadrés jusqu'au milieu de la poitrine, on les voit tourner successivement sur eux-mêmes en évitant de se regarder. Le jeu de regard va de pair avec celui de dos. Les deux s'imposent comme révélateurs de l'ambiguïté et d'une situation tendue. Compte tenu du contexte, l'ex-pilote est certainement le plus embarrassé. Il tente désespérément de cacher son visage pour qu'il ne se laisse pas lire par son partenaire qui devient de plus en plus furieux.

---

[1] Nous reprenons ici comme ailleurs les propos des personnages tels qu'ils figurent dans le sous-titrage en français.

L'ypérite : la vérité enfin dévoilée

Embarrassé par les pressions dont il fait l'objet et dévasté par le remords, José passe enfin aux aveux. En effet, l'ex-pilote a commencé à avouer ses sentiments avant qu'il soit identifié par Zian, mais de manière insignifiante. Cela se passait dans le secret et l'obscurité des murs en compagnie de Timouch qui le prend pour son père : « Ce José est le père que j'ai perdu ». La relation qui unit les deux personnages présente une étrange altérité. L'un se retrouve dans l'autre, bien que le poids du passé les déchire. La plupart des plans rapprochés où ils apparaissent en train d'exprimer leurs souffrances sont en plongées légères. Le lit familial où le père de Timouch est décédé des suites d'un cancer est devenu comme un lieu de mémoire commune. Souvent, sans pouvoir se regarder les yeux dans les yeux, la jeune fille et son père « adopté » s'y livrent à la désolation chacun de son côté.

On peut sans doute lire les aveux de José comme conséquence du poids des remords qu'il ressent en son for intérieur, mais aussi comme réaction à la révélation de son identité par Zian. Étant donné l'ordre de la narration, le moment où il découvre que ses affaires sont fouillées en son absence se révèle être le principal investigateur de ses aveux. Ém... et exalté sous l'effet de l'alcool, comme le montrent le plan rapproché qui le cadre à la ceinture ou le gros plan centré sur son visage, il se lance dans un long discours de repentir :

> « Je sais bien que je ne suis qu'un Espagnol de merde qui a bombardé votre village, mais maintenant je suis une autre personne. Je veux oublier, je veux vivre en paix. C'est pour cela que je suis venu. Je veux vivre mes derniers jours entre mes victimes qui m'ont sauvé la vie. Bien sûr, je sais que c'est difficile, surtout qu'il y a des gens qui meurent encore [...]. Bien sûr je suis un criminel de guerre. L'Espagne l'a voulu, maintenant elle m'a abandonné. Voici ce que je te dois ».

Quant à Timouch, corps meurtri par le cancer, elle l'écoute sans savoir quoi dire. Sur son visage triste, se lit l'incapacité de comprendre comment tout le mal qui les a atteints pouvait être possible.

Vient enfin le moment de vouloir réellement s'exprimer comme le montre la séquence alternant plans rapprochés et gros plans où l'on découvre José brisé par le remord. En présence du fossoyeur et de Timouch agonisant sur son lit d'hôpital, il ouvre son cœur et exprime la souffrance morale qu'il gardait depuis si longtemps pour lui :

> « La vérité n'est ni en Espagne, ni dans ses médias, ni chez ses hommes politiques. Tout ce qu'ils disent, c'est de la propagande et de la démagogie. La vérité est entre vous, chez vous, dans toute cette mort qui règne parmi vous. La vérité ne devrait pas mourir. Chacun doit dire ce qu'il a vécu, moi le premier. Je suis venu pour parler, pour raconter ce que j'ai vécu comme membre de l'aviation espagnole ».

Comme dans la séquence précédente, le plan rapproché révèle les émotions fortes de José qui est assis sur le bout du lit en tournant le dos à Timouch. Sans regarder ni vers elle, ni vers Achour, l'homme a tellement envie de parler et de dire tout ce qu'il a sur le cœur. Seulement, derrière lui, la jeune fille est incapable d'articuler un mot. En toute douceur, elle ferme les yeux et rend son dernier souffle.

Cette dernière séquence marque l'ultime événement qui met fin à l'histoire et atteint l'équilibre voulu dans le scénario du film. En effet, étant donné que l'aveu de José coïncide avec la mort de Timouch, le dénouement clôt l'histoire de façon tragique, mais rétablit des vérités sur l'usage du gaz moutarde pendant la guerre du Rif. C'est dire que le film parvient à attirer l'attention sur la nécessité de reconnaître les crimes commis au Rif par l'Espagne. Ce devoir s'incarne dans la personne de José. À l'enterrement de Timouch, l'homme se retrouve en tête du cortège funéraire, et au cours de la rencontre organisée au sujet des armes chimiques lancées sur le Rif, il est l'orateur qui en dévoile les tenants et aboutissants. Au cimetière comme à la salle abritant l'événement, on l'entend se faire le narrateur de son propre parcours, un récit dans le récit :

> « Moi, Jiménes Rodrigo Barranco. J'étais dans le 128e bataillon de l'armée espagnole, matricule 9367, né le 13 avril 1903 à Madrid [...]. Je déclare que l'Espagne a utilisé les armes chimiques durant la guerre du Rif. Moi personnellement, j'ai lancé des armes chimiques sur la population rifaine. Ce gaz très dangereux appelé ypérite [...] provoque le cancer à travers le temps [...]. C'est le moment pour que l'Espagne dévoile cette vérité et reconnaisse sa responsabilité [...] et demande à cette occasion pardon à toutes les victimes atteintes. L'ONU doit intervenir dans ce dossier douloureux [...] ».

C'est ainsi que s'achève *Iperita*. Le fil de l'intrigue étant connu : un film triste et déchirant par son scénario dont les personnages héritent la mort au même titre que les Maheu dans Germinal de Zola. Timouch en est l'exemple, le cancer l'a achevée au même titre que ses parents. Ancienne puissance coloniale, l'Espagne est présente dans cette intrigue avec toutes ses atrocités commises à l'encontre du Rif. Malgré les années passées, la plaie est toujours largement ouverte. Mais tout en dénonçant ces atrocités, le film ouvre une perspective nouvelle dans la relation du Rif au passé colonial : celle de guérir de l'hypertrophie de cette mémoire qui, surchargée, le rend écrasé par le poids du souvenir. Évidemment, on ne saurait imaginer la fin du film autrement lorsqu'on sait que l'action militante et l'œuvre littéraire (roman, nouvelles et théâtre) de son metteur en scène convergent vers le même idéal de réalisme, de justice, de protestation rationnelle et de paix.

Conclusion

Compte tenu de ce qui précède, il est permis de conclure que bien que récent, le cinéma amazigh, en l'occurrence rifain, laisse entrevoir de meilleures perspectives d'avenir. L'expérience acquise dans le théâtre et surtout dans le domaine du film vidéo[1] apporte ses fruits au niveau de l'interprétation et de la mise en scène. À cet égard, il est intéressant de constater que *Iperita* use des principes fondamentaux du cadrage dans le domaine cinématographique. Plan d'ensemble, plan moyen, plan rapproché, gros plan, plongée, traveling, etc., sont autant de procédés techniques qui structurent l'enchainement des séquences constituant le récit mis en scène.

Mais, ce qui caractérise par-dessus tout le recours à ces données techniques indispensables à la réalisation d'un film, c'est la façon d'exploiter leur portée métaphorique ou symbolique dans la progression des événements pris au tissage narratif. De ce point de vue, il est clair que la complicité entre le récit et la transposition du propre dans le figuré se réalise à travers le cadrage. La taille des plans, l'angle de la prise de vue, l'espace représenté, la lumière, etc., sont autant d'éléments concrets qui s'inscrivent subtilement dans des contextes abstraits. Leur charge métaphorique est telle qu'elle constitue une alternative essentielle en matière de l'organisation du langage. La mise en récit et la mise en métaphore font chemin ensemble et s'offrent comme une totalité organisée.

Il a été montré que le cheminement de la lumière et de l'espace tout au long des plans analysés est révélateur d'une investigation qui prend un intérêt tout particulier. C'est à travers leur représentation que se poursuivent la perturbation des équilibres et la progression du récit vers de nouvelles épreuves. Il en va de même de la valeur de la plongée ou des plans à deux qu'ils soient équilibrés ou déséquilibrés. Articulés les uns par rapport aux autres, tous ces éléments évoqués sont riches en orientations narratives et affectives. Leur effet étant pour ainsi dire corrélatif à la linéarité du récit.

---

[1] Rappelons qu'avant la production cinématographique proprement dite, le cinéma amazigh a commencé par les films vidéo au début des années 1990. Cette expérience menée par Lhoucine Bizguaren a connu un grand succès auprès du public, en particulier dans le sud du Maroc. En témoigne son film *Tamɣart n wurɣ* (Femme d'or) réalisé en 1993.

En somme, tous les procédés mis en œuvre dans *Iperita* indiquent que le récit est narré à travers des plans sous-tendant une recatégorisation du sens de l'espace et de la lumière. En cela, le langage filmique ne fait que reformuler la représentation d'un sujet sensible pour révéler des vérités gênantes en vertu des convenances politiques tant au Maroc qu'en Espagne. C'est pourquoi une analyse sémiotique visant à déchiffrer les images projetées sur l'écran s'impose pour les interroger en tant que signes établis à la fois par convention et construction. Cela revient pour l'essentiel à reconnaître que la façon de cadrer correspond à un point de vue invitant le spectateur à réfléchir sur des cheminements sinueux de sens.

Références bibliographiques

Beauregard, Raphaëlle Costa. (1999). 9. L'analyse du discours filmique : La problématique des fondements théoriques revisitée (Film de référence : Macbeth d'Orson Welles, 1948). *Modèles linguistiques* [En ligne], 40 | 1999, *Les fondements théoriques de l'analyse du discours.* URL : https://doi.org/10.4000/ml.1413 (consulté le 20 novembre 2021).

Hénault, Anne. (2008). « Image et texte au regard de la sémiotique », *Le Français d'aujourd'hui*, n° 161, pp. 11-20.

Jakobson, Roman. (1963). *Essais de linguistique générale. T 1.* Paris : Éditions de Minuit.

Martin, Marcel. (1955). *Le langage cinématographique*. Paris : Éditions du Cerf, Collection du 7° Art.

Figures

Introduction

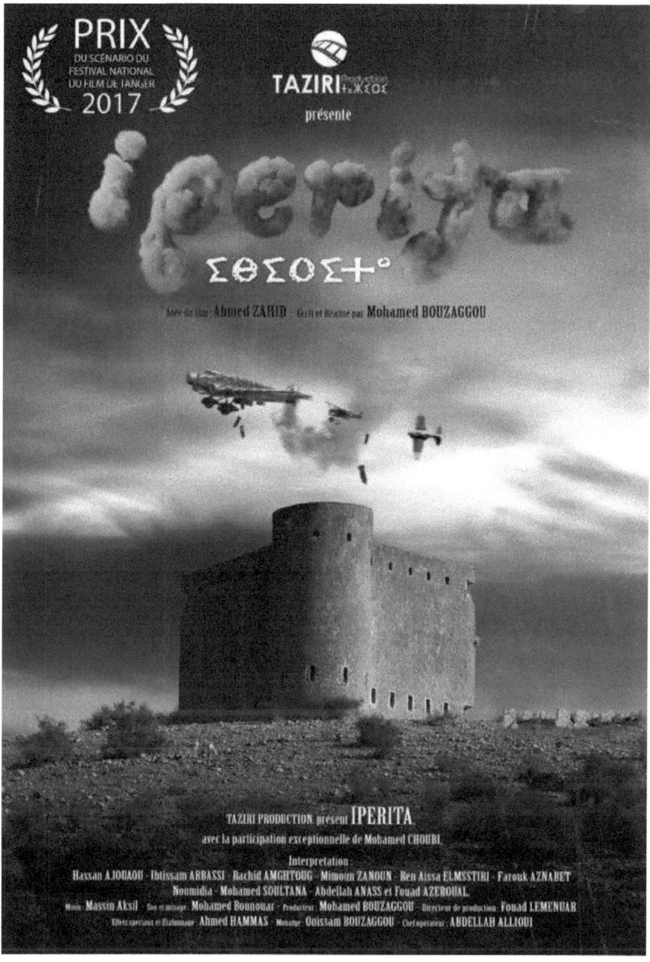

L’affiche du film : l’écho à la guerre chimique contre le Rif

L'ypérite : la métaphore prédictive

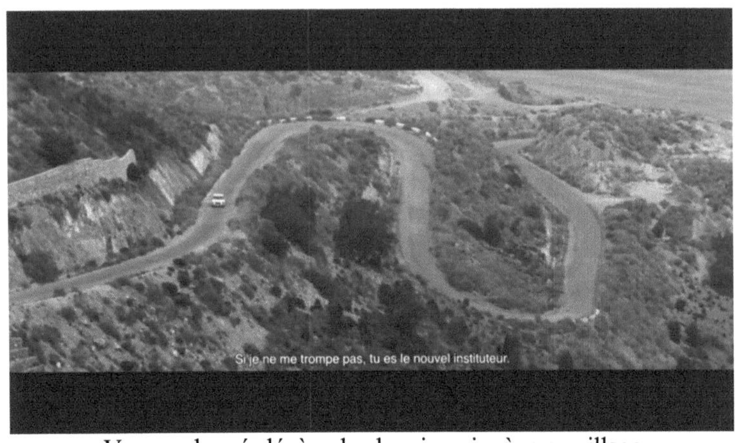

Vue en plongée légère du chemin qui mène au village
où se déroule l'histoire du film

Assentiment et cause commune

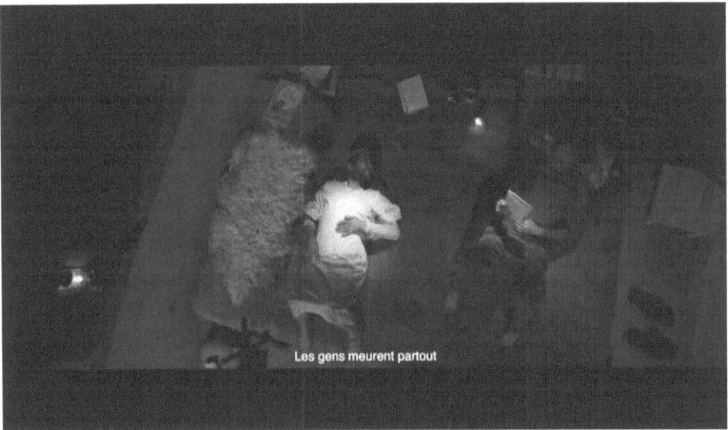

Achour informe Miloud du nombre alarmant de décès à cause du cancer

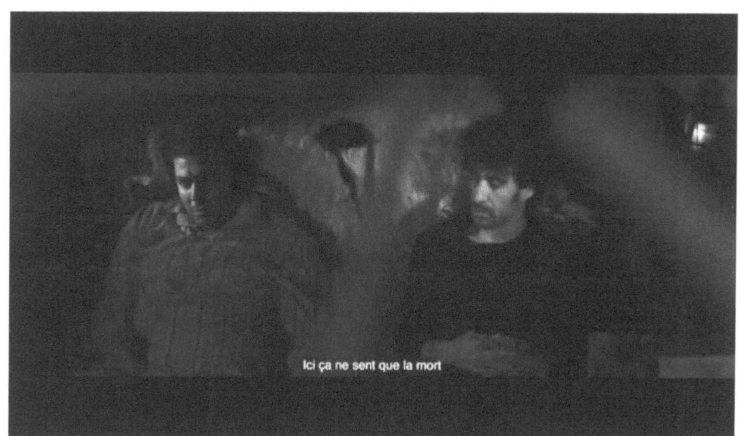

Zian et Miloud s'inquiètent des conséquences de l'ypérite

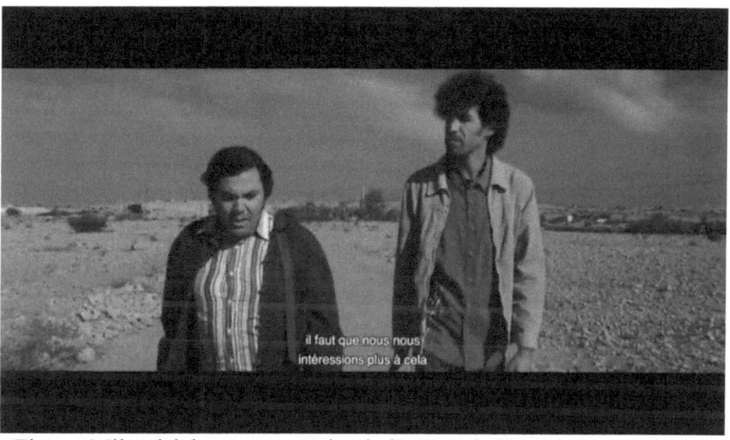

Zian et Miloud échangent au sujet de l'usage de l'ypérite contre le Rif

Le temps de la discorde

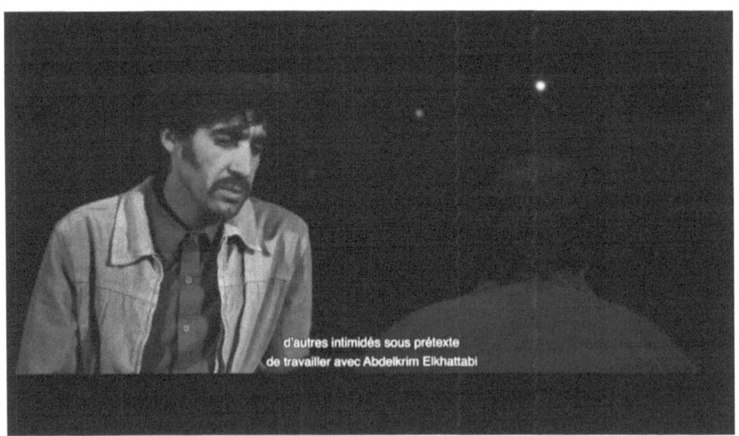

Zian émet des réserves sur l'usage de l'ypérite

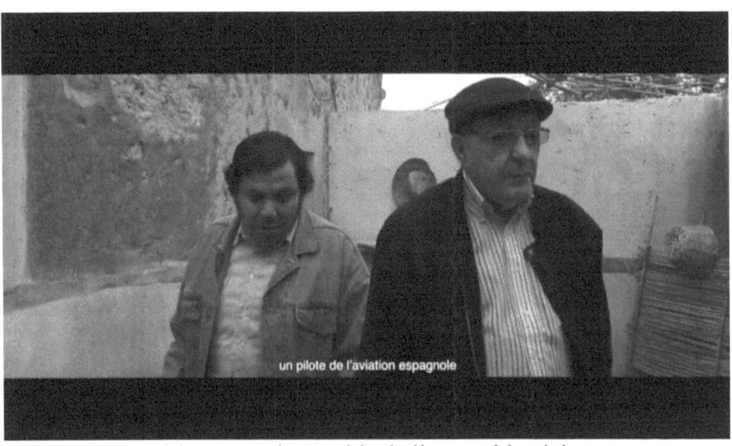

Zian contraint José à révéler son identité.
Vexé et agité, ce dernier déguise la vérité
et évite de croiser le regard du journaliste en lui tournant le dos

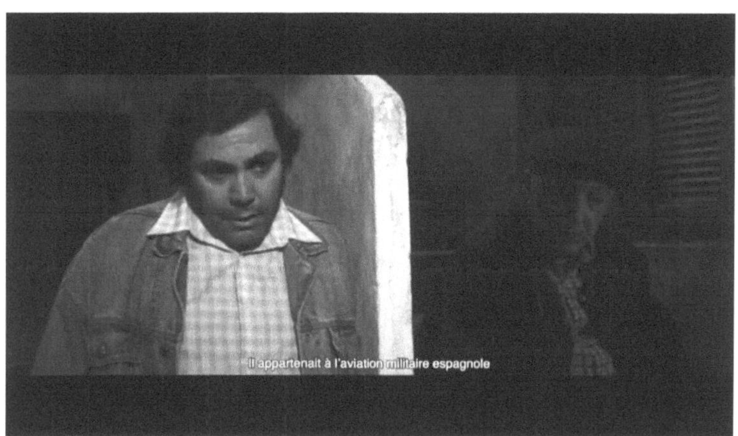

Zian continue de révéler toutes les informations à propos de José. Séparé du journaliste par une cloison, le militaire espagnol se montre coopératif. On passe, ainsi, de l'agitation à l'apaisement

L'ypérite : la vérité enfin dévoilée

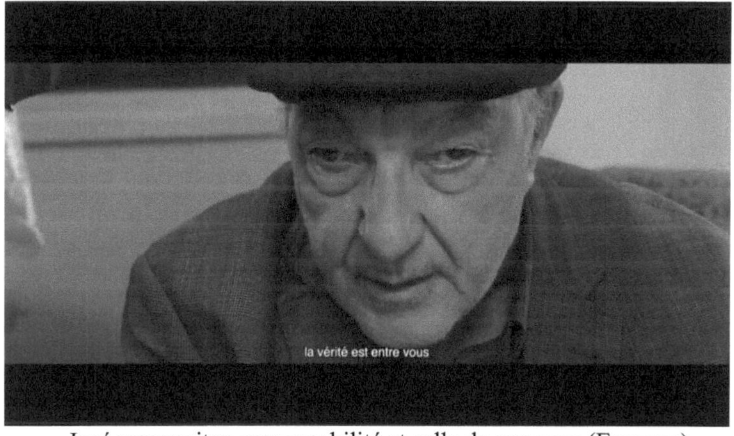

José reconnait sa responsabilité et celle de son pays (Espagne) dans la mort des civils rifains à cause de l'usage de l'ypérite

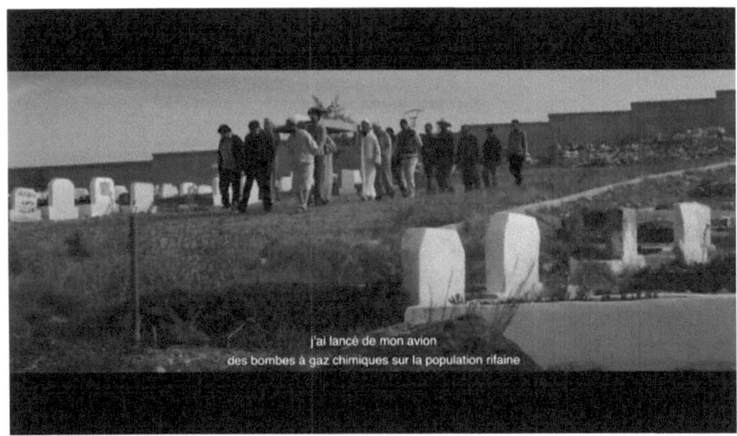

José en tête du cortège funéraire lors de l'enterrement de Timouch

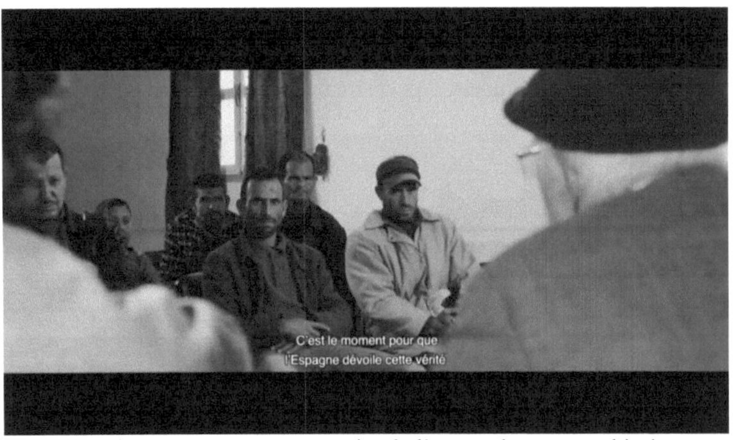

José anime une rencontre au sujet de l'usage des armes chimiques pendant la guerre du Rif

2
La 'mise en scène' de l'oralité dans le cinéma kabyle

Saïd Adel[1]

Introduction

La distribution inégale du cinéma dans les différentes sociétés a été jalonnée par des paramètres divers et variés, historiques, techniques, économiques et culturels (Goody, 2003 ; Ponzanesi et Waller, 2012). En Europe, le cinéma, inventé à la fin du XIXe siècle, connut un processus d'évolution symbiotique des conditions historiques, socioculturelles, politiques et économiques. Au contraire, dans les pays du sud de la Méditerranée, il fut introduit lors de la colonisation et devint, par ailleurs, un instrument de propagande de ce même système colonial (Benali, 1998). Au lendemain des indépendances, il était encore maintenu par les nouveaux États, servant de relais d'informations. Le cinéma était considéré comme un miroir chargé de refléter et de diffuser les projets d'édification nationale respectifs (Maherzi, 1980). C'est après les années 1980, avec la crise des systèmes politiques nés au début de la période postcoloniale, que se créent de nouvelles ouvertures favorables au cinéma indépendant maghrébin (Merolla, Naït-Zerad et Ameziane, 2019). En Algérie et au Maroc, un cinéma de langue amazighe (berbère)[2] se développe au début des années 1990, inaugurant alors dans le domaine linguistique une nouvelle ère d'expression culturelle et politique portée par l'image et la représentation figurative. Ainsi, de nos jours, on peut dire que les amazighophones ont plus de possibilités de filmer et de fabriquer des images qu'ils ne

[1] Je tiens à remercier Mme Merolla pour ses suggestions et sa collaboration concernant l'écriture de cet article.

[2] Le terme utilisé actuellement en Algérie et au Maroc est respectivement tamazight et amazigh. Ces termes se réfèrent à la langue appelée auparavant « berbère ».

pouvaient l'imaginer il y a seulement quelques décennies (Bouyaakoubi, 2015 : 2).

Depuis les années 1990, ce jeune « cinéma amazigh » a commencé à constituer un corpus et à gagner des espaces de visibilité[1]. Il s'agit de la production de cinéastes engagés qui, pour la plupart, présentent leur travail – notamment dans le cas kabyle – comme le fruit d'un long combat politique et culturel, datant des indépendances des pays concernés, pour la revitalisation et la reconnaissance de leur langue et de leur identité. À cet égard, Ameziane (2019 : 170) précise : « *En effet, les cinéastes pionniers (Bouguermouh, Meddour, Hadjadj) avaient une expérience préalable du cinéma dans d'autres langues mais attendaient visiblement le moment de pouvoir exprimer leur art dans leur langue maternelle* ». Aujourd'hui, le « refus » de l'État étant surmonté, les cinéastes kabyles sont confrontés à divers problèmes en lien avec les ressources indispensables à cette production, à son existence et à son évolution en tant que domaine de création autonome. Ces ressources peuvent être humaines, professionnelles, culturelles, artistiques, économiques, juridiques, etc. (Devaux-Yahi, 2016 ; Merolla, 2019).

Dans cet article, je m'intéresse notamment à l'articulation entre le langage cinématographique des premiers films kabyles et l'oralité, et notamment à la littérature orale qui était privilégiée dans le monde kabyle jusqu'au début du siècle dernier, par rapport aux autres modes de communication (Galand-Pernet, 1998 ; Merolla, 2006 ; Bounfour, 2008). Sera ainsi interrogé le rôle de l'oralité dans la construction du processus dramatique du récit filmique et dans sa représentation. Ainsi, les éléments de réponse à notre interrogation porteront sur les incidences de cette oralité sur les événements de l'histoire racontée et sur sa visualisation. Ensuite, cet article examinera la notion d'espace-temps et expliquera comment celle-ci est traduite dans le cinéma kabyle *via* des formes d'oralité intégrées au récit.

---

[1] Sur la notion de films et cinéma amazighs, voir Merolla 2019, incluant le circuit industriel informel des films « vidéo ».

L'analyse porte sur un corpus composé de quatre longs-métrages tournés en Kabylie. Les trois premiers sont des longs-métrages[1] en kabyle datant du début des années 1990, à savoir *La Colline oubliée* d'Abderrahmane Bouguermouh sorti en 1994, *Machaho* de Belkacem Hadjadj sorti en 1995, *La Montagne de Baya* d'Azzedine Meddour sorti en France en 1997 et en Algérie en 1999. Face à l'objet d'étude en lien étroit avec la prégnance de l'oralité dans ce cinéma, je considérerai un quatrième film : celui de Mohamed Ifticène, produit en arabe par la télévision algérienne en 1982, à savoir *Les Rameaux de feu*. En ce qui concerne la production du cinéma national des années 1980 qui, à cette époque, suivait les diktats de la politique d'arabisation, ce dernier film constitue une exception dans sa représentation ingénieuse de la dimension berbère à travers le chant, porté par la voix de la chanteuse kabyle Khadidja, et quelques voix off (Adel, 2019). *Les Rameaux de feu* et *La Colline oubliée* sont les adaptations respectives du roman de Malek Ouary, *Le Grain dans la meule* (1956) et du roman éponyme de Mouloud Mammeri, *La Colline oubliée* (1952). Il est intéressant de noter qu'une partie au moins du texte français du *Grain dans la meule* (celle concernant la discussion durant l'assemblée du village) provient, selon Malek Ouary, d'une reproduction soignée – bien que littéraire – du style des dialogues qu'il a entendus en Kabylie (Merolla, 2001 : 175). Le croisement des langues entre l'oral, l'écrit et le cinéma signale des impositions, des négociations, ainsi que et des affirmations culturelles et politiques concernant la production artistique. Nous verrons que l'expression identitaire, dans le discours « activiste » cristallisé autour de la défense de l'utilisation du kabyle à cause de la censure nationaliste algérienne (Chaker, 1992 ; Goodman, 2005), passe également par la multiplicité des interactions linguistiques et culturelles. Il est opportun de rappeler, dans ce sens, la notion « d'espace littéraire et artistique amazigh » indiqué par Merolla (2019 : 19) : « *il est possible de dépasser la question de la définition des films "amazigh" quand ils sont muets ou en d'autres langues en observant leur appartenance à*

[1] À la même période, il y avait la production de deux courts-métrages : *La Fin des djinns* de Chérif Aggoun (1990) et *Le Vendeur de neige* d'Achour Kessai (1991).

"l'espace" littéraire et artistique amazigh/berbère ». Cette dernière (2019 : 17) définit cet espace littéraire et cinématographique amazigh comme « *un continuum dans lequel, au-delà de la langue utilisée, la problématique berbère-amazighe constitue une des lectures pertinentes. Ce continuum est un domaine d'appartenances multiples liées à l'interaction entre plusieurs médias et aux différentes traditions artistiques du contexte multilingue maghrébin (berbère, arabe classique, arabe dialectal, français, etc.)[...], où [...] les "institutions littéraires" sont inégales et en compétition* ». Dans le cas en question, la caractéristique du multilinguisme, indiquée par l'adaptation en kabyle et en arabe de deux romans en français, est mise également en avant dans le double titre, en kabyle et en français, des films *La Colline oubliée/Tawrit yettwattun* et *La Montagne de Baya/Adrar n Baya*, étant ensuite illustrée par le français parlé par quelques personnages de *La Colline oubliée* ainsi que par la référence subtile au kabyle dans *Les Rameaux de feu*.

Rôle de la langue amazighe dans « l'espace cinématographique » kabyle[1]

Comme indiqué dans la section précédente, le discours engagé des cinéastes kabyles des années 1960 à 1990 se concentre sur le droit de s'exprimer artistiquement en amazigh. Il est donc nécessaire de s'attarder sur cet aspect avant de passer à l'analyse spécifique de l'oralité.

L'utilisation de la langue kabyle dans le cinéma est conditionnée par la politique du déni culturel et de la répression linguistique que l'État algérien a pratiquée à l'égard des communautés amazighes pendant plus de trente ans (Mahé, 2001 : 471 ; Silverstein, 2010 : 86 ; Maddy-Weitzman, 2011 : 71 ; Adel, 2019 : 89-94). Comme l'écrit l'anthropologue Jane Goodman (2005 : 34), la marginalisation est à l'origine des protestations kabyles – dans le cas du « Printemps berbère » en 1980 comme du « Printemps

[1] La notion d'« espace cinématographique » kabyle/amazigh est tirée de Merolla 2019, voir la section précédente.

noir » en 2001 – et de la formation identitaire qui se concentre sur la reconnaissance et l'officialisation de la langue amazighe[1].

À la sortie des premiers films *La Colline oubliée/Tawrit yettwattun* (1994), *Machaho* (1996) et *La Montagne de Baya/Adrar n Baya* (1997), la presse et le public de l'époque se focalisait sur les dialogues en tamazight (kabyle). Les unes des journaux mettaient en exergue cet aspect linguistique avant toute autre considération. Le quotidien *Liberté* du 18 janvier 1995 a indiqué en gras, suite à la première projection de *La Colline oubliée* à Béjaïa, que « *L'acte de naissance du cinéma amazigh est signé* ». L'attention des critiques et de la presse correspondait également à la réponse du public. Ainsi, la sortie des premiers films en tamazight a été vécue par le public kabyle comme un événement majeur. C'était une forme de reconnaissance linguistique, identitaire et culturelle après un long processus de résistance aux politiques d'assimilation du nationalisme algérien (Chaker et Abrous, 1988). Ces films, précise Frédérique Devaux-Yahi, « *[...] déclinent [...] une identité spécifiquement berbère. La langue parlée, les lieux habités ou traversés, les costumes et habillements, les intrigues et mini-intrigues sont des composants essentiels des coutumes régionales, encore vivaces dans certaines contrées* » (2018 : 2)

Par ailleurs, malgré les différences de style et de conceptions propres à chacun des réalisateurs de ces trois premiers films, tous étaient animés par le souci de restituer des clés de compréhension de cette société et de sa culture, reçues, transmises et conservées dans le verbe au double sens du terme : comme forme de communication sociale et comme lieu de mémoire et de conservation de ses représentations sociales et de sa vision du monde (Hagège, 1985 : 189-204).

---

[1] Le « Printemps berbère » éclate le 10 mars 1980, lorsque les étudiants et les enseignants de l'université de Tizi-Ouzou, en Kabylie, sont informés que l'écrivain et anthropologue Mouloud Mammeri est obligé d'annuler sa conférence sur l'ancienne poésie kabyle. Les manifestations s'étendent à toute la région, dans laquelle la population se mobilise également, ainsi qu'à l'université d'Alger. La répression de l'État algérien a été violente et plusieurs centaines de personnes ont été blessées et arrêtées.

Ensuite, il importe de rappeler que l'oralité est une institution sociale qui contribue à la définition des positions de pouvoir et de la hiérarchie sociale[1]. La production d'un discours littéraire, donc soutenu, n'est pas à la portée de tous. Comme l'affirme Jean Derive (2008 : 830), c'est autour de la performance que s'affirme la question du statut de « *pouvoir dire et d'entendre* ». Par conséquent, pour la traduction des dialogues et des commentaires à partir des textes en français, les réalisateurs avaient engagé des acteurs culturels connus et reconnus dans le milieu de la production artistique et littéraire kabyle[2]. La langue des films ne fournit pas seulement de l'information, elle est en mesure d'apporter au public amazighophone, une satisfaction esthétique, entendue ici comme l'exploitation d'un répertoire spécifique du patrimoine verbal connu et partagé par son auditoire (Derive, 2008 : 373). C'est autour de la « vocalité »[3] et de la diction, dont la puissance de fascination est composée d'un style formulaire marqué par une morphologie spécifique, que se déploie cette satisfaction esthétique répondant aux attentes du public selon un système dit de « convenance » (Derive, 2008 : 26 ; Galand-Pernet, 1998 : 175).

Les dialogues et les commentaires montrent que les films étudiés exploitent particulièrement le registre des formes littéraires courtes, le plus souvent sous un rythme versifié (accompagné ou non d'un chœur et/ou d'une musique), comme les proverbes, les maximes, les jeux de mots, etc. En plus de la restitution de la vocalité, la dimension visuelle de la représentation cinématographique amplifie cet envoûtement de la parole bien dite, car son producteur, comme le rappelle Abdellah Bounfour, est « *[...] exposé physiquement au regard et à l'écoute de son public* » (Bounfour, 2008 : 2). Ainsi, le spectateur, grâce à la multimédialité du film, écoute et perçoit le discours oral tout en saisissant

[1] Voir l'« Introduction », in Mammeri, 1980.

[2] Ben Mohamed (poète), Abdenour Abdeslam (auteur), Boualem Rabia (auteur et chanteur), Ahmed Oumaziz journaliste de la chaîne de radio nationale d'expression kabyle (chaîne II).

[3] « *[...] un des traits fondamentaux de la littérature traditionnelle est sa performance vocale (...)* » (Bounfour, 2008 : 7).

les conditions physiques et l'accompagnement gestuel de son accomplissement[1].

L'analyse se poursuit en interrogeant le rôle de l'oralité dans le cinéma kabyle, sous trois aspects : dans les événements narratifs, en tant que visualisation, et par rapport à l'espace-temps.

L'oralité dans les événements narratifs

Ici, je me réfère aux informations que la bande-son apporte au récit filmique. Telles des valeurs ajoutées, les incidences de cette oralité se déclinent au moins en deux paramètres, qui concourent à marquer une des singularités de ce cinéma : le réalisme linguistique et culturel, et la parole en tant que forme réglée et codifiée.

Réalisme linguistique et culturel

A été rappelée ci-dessus la marginalisation de l'amazigh jusqu'aux années 1990. La réhabilitation de la réalité linguistique dans ces films en cette langue implique une affirmation sociale et culturelle exclue de la vie officielle de la nation. La centralité de la langue comme moyen et symbole d'identification collective est expliquée par Nedjma Abdelfettah Lalmi qui rappelle : « *Sans frontière géographique claire ou statut juridique ou une reconnaissance administrative, seule la langue est capable d'enserrer le territoire de la Kabylie.* » (Abdelfettah Lalmi, 2004 : 510). Également, Salem Chaker affirme que « *le critère le plus évident, le plus indiscutable d'identification des populations berbères est bien la langue* » (Chaker, 1998 : 16). Ces citations expliquent l'engouement populaire qui a accompagné la réalisation de ces films, notamment *La Colline oubliée* : le besoin de « réparation » linguistique et identitaire se traduit par des élans de solidarité populaire en Kabylie et dans sa diaspora tout au long des étapes

---

1 « *[...] dans l'art oral, la langue n'est pas la seule à contribuer à l'établissement d'une poétique de l'énoncé. Y participent aussi des paramètres extra linguistiques tels que la proxémique et la gestuelle ainsi que la diction, notamment dans sa dimension rythmique. C'est la combinaison de ces différents niveaux, dans un système sémiotique propre, qui fait la poétique de l'oralité.* » (Derive, 2012 : 83)

de production de ces films (Devaux-Yahi, 2016). Pour cela, un comité de soutien a été créé en Kabylie, présidé par l'écrivain Abdeslam Abdenour, et une association a été fondée en France pour soutenir la postproduction de ce film, présidée par le poète Ben-Mohammed[1].

Il importe de mentionner que l'effacement du kabyle dans le cinéma avant 1990 sous-entend l'effacement d'un espace anthropologique et politique, car dans tout échange, il y a indubitablement une rencontre de langues. La substitution de « langue d'existence » par « langues d'apparence » rompt le lien entre l'espace géographique et son identité culturelle et anthropologique, par le fait même que non seulement la langue est une convention de signes, mais elle est aussi « *[...] chargée de représentations sociales et symboliques* » (Yacine-Titouh, 2006 : 152). Le réalisme linguistique, dans ces représentations filmiques, a pour but d'offrir la parole à la société kabyle et de lui permettre d'accéder à une souveraineté culturelle (Gergaud 2019 : 23-24), de valoriser sa langue dont l'usage au cinéma participe à sa diffusion et peut engager, chez le spectateur, des situations d'apprentissage[2]. Cela est indiqué sous forme synthétique par le titre du film *Machaho*, correspondant à la formule initiale du conte oral kabyle (genre *tamacahuţ*), et marquant l'entrée dans le monde du fantastique « *comme référence à un passé lointain [il était une fois] et qui peut être l'expression d'une nostalgie* » (Ameziane, 2019 : 173). Le fantastique introduit, par « *machaho* », l'ordre social et moral du groupe qui le raconte et l'écoute, permet en même temps la transmission d'une telle connaissance aux nouvelles générations (Merolla, 1994).

À partir du nouveau regard que pose ce cinéma sur la réalité sociale et culturelle, les signifiés sont, par un rapport analogique, désignés par leurs propres signifiants, débarrassés de l'arbitraire du signe linguistique. Cependant, les catégories de noms, comme les anthroponymes[3] et les toponymes[1], ne se limitent pas

---

[1] Entretiens réalisés en 2015.

[2] Des extraits de films sont projetés comme support d'apprentissage dans les cours de langue kabyle.

[3] Interdiction jusqu'à aujourd'hui d'inscrire certains prénoms amazighs par l'administration algérienne et marocaine.

seulement à indiquer un objet ou une situation, elles expriment également une dimension symbolique, culturelle et mythologique pertinente au regard de la société représentée. Il est remarquable de voir comment ce procédé fonctionne dans le cas du film parlé en arabe, *Les Rameaux de feu*, dont le récit est construit autour de la problématique de l'honneur et de la parole donnée. Le personnage principal, qui porte un prénom kabyle, Idir, quitte son village pour se réfugier dans le désert après avoir tué Akli, un ami d'enfance. Idir était tenu de venger l'honneur de son frère, Debbiche, auquel Akli avait rasé la moustache.

Le terme « Idir » signifie « vivre », et dans la tradition kabyle, ce prénom masculin est donné au nouveau-né pour le protéger des maladies infantiles et du pouvoir supposé du regard d'autrui, le mauvais œil, tout en l'engageant dans la société avec de bons présages pour « *une vie apaisée de malheurs* » (Claude Lévi-Strauss, cité par Calvet, 1984 : 78). Cependant, la trajectoire de vie du personnage qui porte ce prénom est façonnée comme un duel entre l'ambition de « vivre », *Idir,* et les événements qui bouleversent son existence. Le rêve d'Idir est de continuer à vivre, de retourner à son village et d'épouser sa bien-aimée Malha. Or, son retour au village natal est synonyme de suicide, car les frères d'Akli le cherchent pour se venger.

Ce choix du prénom est aussi traditionnellement motivé par la volonté de ressusciter symboliquement un aïeul disparu afin d'assurer la continuité de la lignée ancestrale. Ainsi, en vue de donner une dimension historique à son film en langue arabe, Mohamed Ifticène évoque la mémoire collective de la Kabylie à partir de prénoms qu'il a attribués à des personnages secondaires. Lors de l'appel aux gens présents dans la scène de l'assemblée du village tenue pour décider du compromis de paix entre Idir et la famille d'Akli, des noms de poètes des siècles passés sont nommés : Youcef Oukaci (Ou Kaci) et Mohand Ou'Mhand (Ou Mhand). Ainsi, le réalisateur adopte une stratégie qui inscrit son film parlé en arabe dans l'espace cinématographique kabyle grâce à une forme de « *narration identitaire* », qui reconstruit la

---

[1] Arabisation des noms de villes et de villages dans le cadre de la politique d'arabisation et de revalorisation de la langue arabe.

chaîne de poètes kabyles célèbres et appréciés, laquelle assure, par l'intertextualité, une continuité dans la représentation amazighe-berbère, même si la langue utilisée pour les dialogues n'est pas le kabyle (Merolla, 2019 : 18). Si au premier degré, la présence de ces personnages est peu significative, voire décorative, les noms évoquent auprès de l'auditoire kabyle une mémoire collective et incitent le public à renouer avec son histoire locale.

Ainsi, l'on constate que ce choix ingénieux d'intégrer des noms de personnages historiques ayant marqué la mémoire populaire, engage le récit filmique sur une double voie de signification : premièrement, celle d'un univers purement littéraire et artistique avec des références à la société kabyle ; deuxièmement, une lecture de second degré de l'univers filmique à partir de l'interprétation de certains éléments dictés par des *a priori* sociaux et culturels, extérieurs à la fiction.

Dans ce même registre de significations symboliques et mythologiques, les toponymes sont aussi pertinents que les anthroponymes, comme on le retrouve dans le titre du film d'Azzedine Meddour, *Adrar n Baya*, parlé en kabyle. « Adrar », « montagne » en kabyle, ne renvoie pas seulement à une formation géologique de la terre, mais symbolise également, dans le film, la culture de résistance de ses habitants face aux différents envahisseurs étrangers et au pouvoir central (Colonna, 1987 : 78-80). Par exemple, dans *La Montagne de Baya*, l'on constate une nette séparation entre la montagne et la plaine, dite *luḍa*. La « plaine » est associée à l'opulence et à la vie facile, mais en même temps à la soumission[1]. En revanche, la « montagne » est politiquement et symboliquement liée à la résistance. Elle porte une signification (un « sens ») et devient un espace géopolitique par l'expression de ses relations sociales et de pouvoir (Merolla, 2019 : 147). De plus, la « montagne » est présentée dans le film non seulement comme un refuge, mais aussi en tant que lieu de formation, de transmission et de réinvention d'un monde réduit à néant, du fait de la violence

[1] Ici, il s'agit de la soumission à l'armée coloniale et à l'administration turque.

engendrée par la collaboration du pouvoir local[1] dans l'imposition des systèmes d'exploitation du pouvoir ottoman, puis de la colonisation française. Bien qu'expropriée et offerte à un sol calcaire, la communauté de Baya, héroïne du récit, continue d'entretenir le même rapport qu'autrefois à la terre et aux rites qui la célèbrent, et ce, malgré les changements historiques et politiques survenus dans la moitié du XIXe siècle. Ainsi, la montagne, *Adrar*, devient synonyme de la survie de cette communauté, de sa culture et de son identité singulière. Comme l'illustre la réponse poétique de Mouloud Mammeri à Jean Pellegri quant à son rapport à la montagne, il ne s'agit pas, dans l'imaginaire individuel et collectif, d'un lien de type purement utilitaire : « *Les étrangers disent que c'est parce qu'on s'y défend mieux, mais leur défense, les montagnards la confiaient plutôt à la justesse de leurs fusils. Non, moi je crois qu'ils habitaient haut parce qu'on y est plus près du ciel. Du haut des cimes, ils dominaient mieux la terre et ses servitudes, car c'est justement pour échapper aux servitudes des basses terres qu'ils ont choisi l'âpre rudesse des hautes. [...] Entre la montagne et moi, Jean, c'est vraiment la vie* » (Mammeri 1991 : 200).

Dans les films ici étudiés, l'usage de la langue accommodée à l'espace social et géographique représenté assure donc la mise en place d'un pacte de confiance avec un public longtemps exclu du cinéma national. (Lafer, 2019)

Parole réglée et codifiée

L'oralité s'institue aussi dans le récit filmique comme acte social. Par sa valeur engageante, sous forme de serment, de menace, de bénédiction ou de malédiction, la parole motive l'intrigue du film, ordonne les actions et les événements du récit. Dans le contexte kabyle, la parole est, en effet, investie d'autorité et participe à la définition du statut de son locuteur (Mammeri, 1980 : 44). On retrouve, par exemple, cette idée exprimée avec force dans le roman dont le film *Les Rameaux de feu* est issu :

---

[1] Dans *Adrar n Baya*, l'autorité est celle du « bachagha », titre et fonction d'un haut dignitaire sous l'Empire ottoman, repris ensuite dans l'Algérie colonisée par la France.

« *Comme Dieu est un, je n'ai qu'une parole. Un Aith Qasy ne revient jamais sur ce qu'il a promis* » (Ouary, 1956 : 180).

Les Rameaux de feu, comme *Machaho* et *La Montagne de Baya*, montre que c'est justement autour de la parole donnée que s'organisent les actions. Les intrigues respectives se rapportent à l'honneur, dit *nif*, et à la parole donnée, que son auteur doit faire respecter, ne serait-ce qu'au prix de sa vie.

La parole en tant qu'acte social est un moyen extraordinaire d'autorité aux multiples facettes dans *Les Rameaux de feu*. L'on a vu que ce film présentait une histoire de vengeance entre deux familles rivales : une vendetta entre Idir et les frères de sa victime Akli. Dans le déroulement du récit, la parole motive les actions des personnages. Alors qu'il s'est réfugié dans une oasis du désert, Idir est tourmenté, renfermé sur lui-même face à son ami Messaoud qui l'a aidé à s'installer dans l'oasis. Après une séance chez un exorciste, la parole s'est libérée, la sérénité est retrouvée, et Idir décide d'affronter la vérité. Il retourne dans son village et se présente chez le père et les frères d'Akli. Dérouté par la démarche de ce personnage, le père d'Akli propose un compromis pour mettre fin à l'effusion de sang : Idir doit accepter les termes de ce pacte et prendre la place d'Akli intégralement. Il doit donc effacer définitivement sa personnalité sociale et psychologique. Le contrat est validé sous l'autorité souveraine de l'assemblée du village, décision collective qu'Idir, les parents d'Akli et tous les villageois ont dû assumer. Cependant, lorsqu'Idir quitte l'assemblée qui a approuvé le compromis, il court rejoindre et aider sa propre mère. Incapable d'assumer la parole donnée, des coups de feu interrompent sa course[1]. Ici, c'est l'enjeu d'une parole tenue ou trahie qui a décidé du parcours d'Idir, et par conséquent, de sa communauté villageoise.

Le serment de vengeance est brisé par un pacte de paix, mais c'est le non-respect de ce pacte qui réactive le motif de vengeance. De cette manière, la parole collective porte en elle un pouvoir de coercition, lequel peut, en fonction de la situation, inspirer l'ordre ou provoquer le désordre. Comme le rappelle

[1] Cette fin ne correspond pas à celle du roman. Voir la controverse entre Malek Ouary et le réalisateur rapportée par Amrani, 2005 : 130.

Yacine-Titouh, « [l]*a langue n'est pas seulement un système de signes, elle a une action directe dans la vie des hommes. Les mots peuvent être source de vie comme de mort* » (2006 : 140).

Dans le film *Machaho*, après les premières minutes de la situation initiale, le personnage principal Arezki prête le serment *Jmeɛ liman*[1]. Cette formule conventionnelle engage les événements de l'histoire. À la recherche du jeune Larbi qui, dans sa perspective, a souillé son honneur, Arezki s'est condamné à errer tant qu'il n'a pas accompli sa parole. Cette errance fait découvrir des drames semblables dans d'autres villages qui bouleversent l'existence de ces populations. Finalement, quand Arezki pense avoir vengé son honneur et tenu son serment, c'est précisément le moment où le drame se réalise, car il tue l'homme qui était revenu pour devenir le mari de sa fille et le père de son petit-fils. Ce film s'inscrit dans la critique de la vendetta comme « archaïsme » et pousse l'usage de la parole sociale jusqu'à son extrémité, afin de mettre le spectateur face aux drames et aux atrocités que cette coutume a générés pendant longtemps.

En revanche, dans *La Montagne de Baya*, le film raconte l'histoire d'une vendetta liée à l'expropriation d'une population de Kabylie par l'autorité du *bachagha*, un grand chef, haut fonctionnaire de l'Empire ottoman, qui était au service de l'armée française. Chassés de leurs terres, les membres de cette communauté ne parviennent pas à convaincre le personnage principal, Baya, de payer l'impôt de guerre avec sa bourse de louis d'or afin de récupérer leurs propres terres. Cette dernière, de son côté, refuse de céder la bourse reçue du *bachagha* pour le rachat du crime de son fils Saïd, qui avait tué l'époux de Baya. En s'en tenant au respect des « traditions », Baya veut que le sang de son mari soit payé par le sang. Entre la réconciliation avec Saïd, soutenue par la communauté, et la soumission aux siens, elle opte pour le repli dans le silence en attendant que son enfant Meziane grandisse. La parole de Baya, qui ne revient pas sur sa décision, pèsera face à toutes ces contraintes. C'est une décision qui deviendra fatale pour sa communauté, car celle-ci ne peut récupérer ses terres, et ne comprend pas le projet « insensé »

[1]Au nom de toutes les croyances.

de Baya qui tient à rendre la bourse au *bachagha* au moment opportun, c'est-à-dire lorsque son fils sera devenu adulte, et qu'elle l'aura chargé de venger son père. Une fois la vengeance réalisée, elle peut alors répondre avec la même pièce (littéralement et symboliquement) au geste du *bachagha* : elle s'annonce dans son palais, présente ses condoléances et lui rend la bourse de louis d'or, qu'il lui avait donnée pour « payer » le meurtre de son mari par son propre fils. Mais le respect de la parole donnée et des « traditions » est également fatal pour la communauté, qui sera détruite par l'attaque des troupes du *bachagha*.

La parole régit donc les relations et exerce un certain pouvoir sur les individus. Le poids de la parole donnée attribue non seulement un cachet particulier à ces films, mais son pouvoir sur les actions humaines prend aussi une dimension supplémentaire lors de la distribution en salle du film, lorsque Abderrahmane Bouguermouh déclara à la sortie de *La Colline oubliée* : « *Chez nous, quand on prête serment, on s'y tient, c'est comme ça !* »[1].

L'oralité visualisée

La performance orale est souvent visualisée dans les films amazighs. Ancré dans l'univers de la littérature orale et de sa performance, le caractère visuel du film met en valeur le contexte d'énonciation lorsqu'il s'agit notamment de l'exécution d'un genre littéraire oral. Dans ce cas, le contexte d'énonciation de l'oralité influence l'écriture filmique et la mise en scène. Ainsi, l'une des premières manifestations de l'oralité mise en scène passe par le rôle narratif accompli par la voix off.

Dans *La Colline oubliée*, par exemple, les voix off relient les différentes parties de l'histoire tout en investissant un espace imaginaire spécifique. Suite à la courte séquence où le personnage, Menach, annonce à son ami Mamo la mort de Mokrane, le protagoniste du film, la voix off du narrateur, invite à écouter ce dernier raconter lui-même ce qu'il avait consigné dans son journal intime. S'ensuit alors la voix off de Mokrane, montré au

---

[1] Vidéo de France Télévisions, « Bouguermouh (*La Colline Oubliée*) FR3 ».

premier plan de dos, le regard porté vers une colline, avant qu'il ne tourne la tête vers la caméra.

Ainsi, cette voix off est introduite dans le film en décrivant le village de Tasga bouleversé par les conséquences d'une profonde crise économique, sociale et culturelle à la veille de la Seconde Guerre mondiale. Le personnage de Mokrane existe par la voix avant même qu'on ne découvre ses traits physiques. Dans la société kabyle, où la tradition iconographique reste limitée (Devaux-Yahi, 2016 : chapitre 2), la voix sans visage raconte le passé d'une manière initialement désincarnée, ce qui contribue à renforcer l'impression qu'il s'agit d'un temps révolu et anéanti par les transformations que subissent les habitants du village de Tasga. Le récit oral se présente comme l'unique trace du passé, que Mokrane, formé en français, a pu consigner par écrit dans son carnet rouge. L'écriture, présentée comme une pratique culturelle, intime qui n'appartient pas à la culture locale du personnage, est finalement « retournée » aux spectateurs en tant que voix.

Par un procédé similaire, la voix off intervient à d'autres moments du film pour ponctuer les différents tableaux et s'imprégner de la pensée intérieure des personnages. Ainsi, elle donne également un ton émouvant à la fin du film, avec la voix du personnage féminin Aâzi – la femme de Mokrane – qui, par sa lecture, fait découvrir le contenu de la dernière lettre qu'elle a adressée à son mari. Sa voix, chargée d'émotion, rythme les images qui montrent la marche de Mokrane et son espoir de retrouver Tasga après une longue absence, avant de tomber dans la neige. Cette instance narrative qu'est la voix off est un procédé connu dans le cinéma international, mais dans ce contexte, elle témoigne d'une certaine attache à la modalité du conte oral, dans la mesure où elle prolonge le récit filmique tout en ouvrant des digressions, par lesquelles le film ne propose pas une matière visuelle conséquente.

À d'autres moments, la parole orale s'impose par sa propre mise en scène. Son transfert du système social au système filmique s'affirme à travers le silence qu'elle impose autour d'elle, ainsi que par l'organisation de l'espace qu'elle commande. Dans *La*

Colline oubliée ou dans *La Montagne de Baya*, plusieurs scènes de contes pour enfants sont filmées de manière minutieuse, reproduisant les conditions sociales de production d'un conte (Ameziane, 2019). La séance des contes est mise en scène la nuit par une personne âgée de la famille[1], le plus souvent une grand-mère, autour de laquelle les enfants forment un cercle, écoutant attentivement les récits qui les amusent, et à travers lesquels ils s'instruisent à la complexité de la vie et à la vision du monde telles que conçues dans leur propre culture (Yacine, 2001).

Le moment du conte est représenté comme un moment sacré, si bien que dans *La Montagne de Baya,* les adultes sont absents, mais dans *La Colline oubliée*, ils sont mis silencieusement à l'écart, attendant la fin du récit pour se manifester. Dans les deux films, lors de ces séances de contes, toutes les activités cessent. On cède la place à la littérature orale et au silence. Par la manière de filmer ces séquences, il semble que les valeurs sociales et culturelles du conte se transfèrent et guident la mise en scène. Les séquences s'ouvrent par de gros plans sur les conteuses, mettant en valeur la parole et le récit qu'elles livrent, et elles sont suivies d'un traveling arrière jusqu'à l'obtention de plans larges, mettant ainsi en évidence la disposition des protagonistes et l'organisation de l'espace, lors de ce moment de détente et de transmission. Dans ces séquences, l'image vient « montrer » la parole orale. De cette manière, l'acte d'énonciation de cette oralité socialement codifiée implique/engage une gestion de l'espace valorisant la source de la parole qui s'accorde avec un système de « convenance », lequel réfute l'introduction de la surprise et de l'inattendu. Ce transfert des règles de production de la parole d'un contexte vécu à une représentation cinématographique implique une mise en scène et une organisation du récit selon l'importance et le statut que revêt la parole orale ainsi produite.

Ensuite, chez certains réalisateurs, le récit oral était un recours pour pallier les contraintes matérielles et surmonter les difficultés de représentation de certaines scènes qui pouvaient être perçues

[1] Dans *La Colline oubliée*, le conte est narré par Malha, la belle-mère d'Aâzi, et dans *La Montagne de Baya*, c'est Aldjia, la doyenne de la communauté, qui se charge de cette mission.

comme impudiques dans un contexte conservateur. Dans *La Colline oubliée*, le manque de moyens financiers pour tourner des scènes de guerre a conduit le réalisateur à les raconter dans les échanges et les commentaires des personnages, lesquels distillent des données sur les faits historiques de cette guerre et ses conséquences sur le village de Tasga. Le débarquement américain à Alger, par exemple, est suggéré par les échos de coups de canon qui arrivent jusqu'au village de Tasga, et qui sont commentés par des villageois. Un même traitement est réservé aux scènes dans lesquelles la pudeur joue un rôle. Dans *Machaho*, la scène d'amour entre Larbi et Ferroudja, la fille d'Arezki, est déterminante pour le cours des événements du film, car plus tard, ce dernier découvre qu'elle attend un enfant de Larbi et prononce son serment. La scène d'amour n'est pas montrée, mais racontée et suggérée à travers des expressions conventionnelles et des non-dits. Également, dans *La Montagne de Baya*, la proximité entre Baya et Djedjel, personnage tiré des figures historiques des « bandits d'honneur », passe par la parole quand ils sont dans une grotte, et par actions interposées quand Baya décore la maison de Djedjel. Dans le roman *La Colline oubliée* de Mammeri, la scène d'amour controversée entre Davda, la femme d'Akli, et Menach est exprimée par un baiser dramatique (p. 199), qui n'est pas reproduit dans le film en kabyle. L'intensité des sentiments des deux personnages est, au contraire, retransmise par un dialogue plein d'allusions, alors que tous deux utilisent les mots « gens » et « ils » pour parler d'eux-mêmes : [Menach] « Mais alors pourquoi m'ont-ils tant fait souffrir ? », [Davda] « Parce qu'ils t'aiment » (fragment 1.32.09). Ainsi, on remarque le recours à la parole pour pallier tout ce que le film ne pouvait montrer à cette époque pour diverses raisons matérielles ou morales.

Par ailleurs, du point de vue de la réception, la parole orale conforte le public en s'adressant à lui en kabyle. Celui-ci retrouve ainsi des éléments de la narration orale en tant que source d'inspiration, imaginée et aimée, par une majorité de réalisateurs. Le lien entre un patrimoine oral aimé et la réalisation cinématographique est manifeste dans ce témoignage d'Azzedine Meddour : « *Ma véritable motivation venait des contes que ma grand-mère me racontait dans mon enfance, qui m'ont donné l'envie de raconter des histoires à ma manière* » (cité par Lafer, 2015 : 95).

L'oralité par rapport à l'espace-temps

Comme indiqué dans l'introduction, le rapport à l'espace-temps est notre troisième axe d'interrogation quant aux éléments oraux des quatre films étudiés.

Dans *La Colline oubliée*, les événements sont situés dans le temps et dans l'espace de manière précise, selon une approche « réaliste » de la représentation du village de Tasga : juste avant le déclenchement de la Seconde Guerre mondiale. D'une part, les espaces vécus ou évoqués sont désignés par leur nom propre, Tasga, Alger, Bordeaux, Tanger, etc. ; d'autre part, les événements sont datés selon le calendrier universel, par l'insertion de deux cartons qui notent : *Tafsut 1939* (printemps) – *Yennayer 1943* (janvier). Cette chronologie adapte le calendrier kabyle au calendrier universel.

Dans les autres films, les notions d'espace et de temps dépassent la simple fonction de cadres qui situent les actions. Les espaces dans *Les Rameaux de feu, Machaho* et *La Montagne de Baya* accueillent les actions et participent aux effets dramatiques et psychologiques des histoires. Inspirés de la littérature orale, les thèmes de ces films s'accommodent plus facilement des éléments rituels et mythologiques en montrant les différentes dimensions de leurs accomplissements. Ainsi, en intégrant l'espace cinématographique, la littérature orale échappe à un enfermement dans « *ses spécificités ethnographiques* » pour investir ses « *valeurs artistiques* » (Galand-Pernet, 1998 : 3). L'espace physique traversé par un personnage donné, à son tour, traverse symboliquement le personnage auquel il impose des sacrifices et des célébrations. Cette implication de l'espace dans l'initiation à la culture kabyle « traditionnelle » (avant la colonisation dans *Les Rameaux de feu* et *La Montagne de Baya*, ou présentée sous une forme quasi atemporelle dans *Machaho*) est récurrente, sans pour autant sombrer dans l'image folklorique. Afin d'illustrer notre propos, notons par exemple les différents sacrifices et offrandes réalisés afin d'implorer les dieux pour la fécondité de la terre dans *La*

Montagne de Baya. Les espaces accueillent les actions tout en jouant le rôle d'adjuvants ou d'opposants, si l'on se réfère au schéma actantiel de Greimas. Ainsi, à partir de ce double rapport des personnages aux espaces physiques et symboliques, les territoires viennent revêtir des identités spécifiques.

La notion de temps, pour sa part, agit selon un cycle déterminé par les rites agraires, eux-mêmes réglés selon le calendrier local. La célébration d'*amager n tefsut* (la rencontre du printemps), et celle d'*iwejjiben* (la période des labours), etc., sont à la fois des marqueurs du déroulement du temps et de l'évolution biologique et sociale des personnages. Si la rétrospective était annoncée dans *La Colline oubliée* par la voix off, l'ellipse dans *La Montagne de Baya* est marquée par un rite de passage. Dans ce dernier film, on ne superpose pas deux images, où la première montre l'état physiologique d'un même personnage à un moment présent et où la seconde est censée le dévoiler plus âgé dans son futur. La question du petit Meziane qui demande à sa mère « *melmi ara imɣureɣ ?* » (Quand deviendrai-je grand ?), trouve sa réponse lorsque les images le montrent capable d'accomplir les prouesses d'un vrai chasseur, comme celle-ci le lui avait prédit. Ici, nous ne sommes pas seulement face à l'évolution du récit dans le temps. Le nouveau statut social du personnage s'affirme par l'accomplissement d'un rite de passage, par lequel il intègre la communauté des chasseurs, signifiant aussi le maniement des armes. Ainsi, l'emploi de l'oralité dans le cinéma kabyle ne permet pas uniquement l'attribution d'une identité socioculturelle aux films, il peut aussi jouer un rôle-clé dans la construction d'une esthétique propre et dans l'investissement de données de cette tradition, *via* ce mode de communication et de création visuelle.

Conclusion

Cet article s'est attaché à interroger le rôle de la langue et de la culture kabyles au cinéma. Nous avons montré une mise en scène partagée de l'oralité dans *La Colline oubliée*, *Machaho*, *La Montagne de Baya* en kabyle, ainsi que dans *Les Rameaux de feu* en langue arabe. D'abord, on observe le réalisme linguistique et culturel des représentations filmiques qui permettent d'engager, chez le spectateur amazighophone, des situations d'apprentissage, notamment par les anthroponymes et les toponymes qui servent de moyens et de symboles à une identification collective. L'oralité s'institue ensuite dans le récit filmique comme acte social quand le serment de vengeance motive l'action et l'intrigue des films, et régit les relations individuelles et collectives. Un troisième aspect est la visualisation. Nous avons expliqué que l'image « montrait » la parole orale sous deux formes : une séance de contes, tout en respectant les attentes littéraires et culturelles du public, une parole permettant de pallier ce que le film ne peut montrer pour des raisons matérielles ou morales. Le dernier aspect abordé est celui de l'oralité dans la représentation spatio-temporelle : les éléments rituels et mythologiques portés par les chants et la parole orale contribuent à recréer un monde rythmé par les travaux et les cérémonies saisonniers, sans pour autant tomber dans une approche folklorique.

Comme indiqué dans l'introduction, le cinéma en amazigh se développe dans un contexte multilingue. Pour la réalisation des films considérés, cet article a présenté le croisement du kabyle, de l'arabe et du français, et l'adaptation des romans en français de Mouloud Mammeri et Malek Ouary, respectivement en kabyle et en arabe. En ce sens, la caractérisation « kabyle » d'un film en arabe (*Les Rameaux de feu*) à travers le rôle du chant kabyle et celle des scènes et des personnages correspondent bien à l'élaboration théorique allant au-delà de la seule caractéristique linguistique pour définir un « espace cinématographique amazigh » (Merolla, 2019). Cela permet de comprendre que l'utilisation de la langue kabyle comme première singularité de ce jeune cinéma « amazigh » ne doit pas se réduire à sa simple fonction de signe linguistique. Le transfert de la parole du système social au système filmique engendre des incidences sur la construction et l'organisation du récit. Ces éléments de l'oralité, qui passent d'un système social à un système filmique, font partie de ce que Roland Barthes désigne comme des systèmes de signification qui sont « *[...] déjà interprétés, culturalisés et même conventionnalisés* » (Barthes, 1981 : 37-38). La mise en scène de l'oralité par les chants, la musique, les contes et les rites, ainsi que par les anthroponymes et les toponymes, articule la complexité de la réalité linguistique, sociale et culturelle longtemps occultée par le cinéma colonial et national, ainsi que par leur vision globalisante, et « phagocytante » des cultures locales et minorisées.

Bibliographie

Abdelfettah Lalmi, Nedjma. (2004). Du mythe de l'isolat kabyle. *Cahiers d'Études africaines*, 175, pp. 507-531.

Adel, Saïd. (2019). La langue kabyle au cinéma ». In Daniela Merolla, Kamal Naït Zerad et Amar Ameziane (éds.). *Les cinémas berbères. De la méconnaissance aux festivals nationaux*, pp. 87-109. Paris : Karthala.

Amrani, Mehana. (2005). Problèmes et enjeux de l'adaptation en Algérie. *Présence Francophone : Revue internationale de langue et de littérature*, 65 (1), pp. 111-132.

Amziane, Amar. (2019). Le signifiant littéraire dans le cinéma kabyle. Formes et fonctions ». In Daniela Merolla, Kamal Naït Zerad et Amar Amziane (éds), *Les cinémas berbères. De la méconnaissance aux festivals nationaux*, pp. 169-180. Paris : Karthala.

Barthes, Roland.(1981). *Le grain de la voix*, Entretiens 1962-1980. Paris : Seuil.

Benali, Abdelkader. (1998). *Le cinéma colonial au Maghreb.* Paris : Cerf.

Boudraa, Nabil et Joseph Krause (éds). (2007). *North African Mosaic : A Cultural Reappraisal of Ethnic and Religious Minorities*. Newcastle : Éditions Cambridge Scholar Publishing.

Bounfour, Abdellah. (2008). Littérature berbère traditionnelle. *Encyclopédie berbère*, 28-29, pp. 4429-4435. URL : http://journals.openedition.org/encyclopedieberbere/355 ; DOI : https://doi.org/10.4000/encyclopedieberbere.355

Bouyaakoubi, Lahoucine. (2015). Le film amazigh de Souss. Une nouvelle dynamique en faveur du tachelhit. *Studi Berberi*, 4, pp. 197-208.

Calvet, Louis-Jean. (1997). *La tradition orale*, Paris : PUF.

Chaker Salem et Dahbia Abrous. (1988). De l'antiquité au Musée : berbérité ou... la dimension in-nomable ». *Revue de l'Occident musulman et de la Méditerranée, Le monde musulman à l'épreuve de la frontière*, 48-49, pp. 173-197.

Chaker, Salem. (1992). La question berbère dans l'Algérie indépendante : la fracture inévitable ? *Revue des mondes musulmans et de la Méditerranée*, 65, pp. 97-105.

Chaker, Salem. (1998). *Imazighen ass-a.* Berbères aujourd'hui. Paris : L'Harmattan, 1998.

Colonna, Fanny. (1987). *Savants et paysans. Éléments d'histoire sociale sur l'Algérie rurale*, Alger : OPU, pp. 78-80.

Derive, Jean. (2008). Enjeux disciplinaires et méthodologiques des travaux sur les littératures orales africaines : esquisse d'une évolution ». In Ursula Baumgardt et Jean Derive (éds), *Littératures orales africaines, perspectives théoriques et méthodologiques*, pp. 365-384. Paris : Karthala,

Derive, Jean. (2012). *L'art du verbe dans l'oralité africaine.* Paris : L'Harmattan.

Devaux-Yahi, Frédérique. (2017). Films berbères et identités. *Nouveaux cahiers de Marge*, 1, mis en ligne le 12 février 2018.

Devaux-Yahi, Frédérique. (2016). *De la naissance du cinéma kabyle au cinéma amazigh*. Paris : L'Harmattan.

Galand-Pernet, Paulette. (1998). *Littératures berbères : des voix, des lettres*. Paris : PUF.

Gardies, André. (1989). Oralité et esthétique filmique. In *Tradition orale et nouveaux médias*, Xe FESPACO, pp. 199-207. Bruxelles : OCIC.

Gergaud Sophie. (2019). *Cinéastes ~~autochtones~~. La souveraineté culturelle en action,* Éditions WARM, Paris, 2019.[1]

Goodman, Jane E. (2005). *Berber Culture on World Stage : From Village to Video.* Bloomington & Indianapolis : Indiana University Press.

Goody, Jack. (2003). *La peur des représentations. L'ambivalence à l'égard des images, du théâtre, de la fiction, des reliques et de la sexualité*. Paris : La Découverte.

---

[1] Les « autochtones » de « Cinéastes autochtones » est volontairement barré, il ne s'agit pas d'une suppression ; c'est un effet graphique choisi par l'auteure. [Note éditoriale]

Hagège, Claude. (1985). *L'homme de paroles. Contribution linguistique aux sciences humaines.* Paris : Fayard.

Lafer, Latéfa. (2015). *Le cinéma amazigh et la revendication identitaire. Genres et formalisme dans le cinéma algérien.* Thèse de doctorat, Université Paris-8.

Lafer, Latéfa. (2019). La problématique de l'identité à travers les trois films fondateurs du cinéma amazigh : thèmes et esthétiques. In Daniela Merolla, Kamal Naït Zerad et Amar Ameziane (éds), *Les cinémas berbères. De la méconnaissance aux festivals nationaux*, pp. 119-145. Paris : Karthala.

Maddy-Weitzman, Bruce. (2011). *The Berber Identity Movement and the Challenge to North African States.* Austin : University of Texas Press.

Mahé, Alain. (2001). *Histoire de la Grande Kabylie. XIXe-XXe siècles. Anthropologie historique du lien social dans les communautés villageoises.* Saint-Denis : Bouchène.

Maherzi, Lotfi. (1980). *Le cinéma algérien : institution, imaginaire, idéologie.* Alger : Sned.

Mammeri, Mouloud. (1980). Introduction. *Poèmes kabyles anciens – Textes berbère et français.* Paris : Maspero, pp. 7-71.

Mammeri, Mouloud. (1991). Mammeri Pellegri. Le Double je 5/5. *Culture savante, culture vécue (études 1938-1989).* Alger : Tala, pp. 198-204.

Mammeri, Mouloud. (1962). *La Colline oubliée.* Paris : Plon.

Merolla, Daniela, Naït Zerad, Kamal et Amar Ameziane (éds.). (2018). *Les cinémas berbères. De la méconnaissance aux festivals nationaux*, Paris : Karthala.

Merolla, Daniela. (1994). Le conte kabyle. *Encyclopédie berbère*, 14, pp. 2082-2088.

Merolla, Daniela. (2001). Ouary Malek. In Salem Chaker (éds), *Hommes et Femmes de Kabylie*, pp. 35 - 47, 175-177. Aix-en-Provence/Alger : Éditions Ina-Yas/Edisud.

Merolla, Daniela. (2006). *De l'art de la narration tamazight/berbère. Deux cents ans de collecte et de recherche dans les études littéraires berbères.* Paris/Louvain : Éditions Peeters.

Merolla, Daniela. (2019). Peut-on parler de cinéma amazigh ? Les films "grand écran" et amazighwood. Comparaison avec le cinéma africain. In Daniela Merolla, Kamal Naït Zerad et Amar Amziane (éds), *Les cinémas berbères. De la méconnaissance aux festivals nationaux*, pp. 13-74. Paris : Karthala.

Ouary, Malek. (1956). *Le Grain dans la meule*. Paris : Buchet Chastel.

Ponzanesi, Sandra et Marguerite Waller (éds). (2012). *Postcolonial Cinema Studies*. Londres : Routledge.

Silverstein, Paul A. (2010). The Local Dimension of Transnational Berberism : Racial Policies, Land Rights, and Cultural Activism in Southeastern Morocco. In Katherine E. Hoffman, et Susan G. Miller (éds.), *Berbers and Others : Beyond the Tribe and Nation in the Maghreb*, pp. 83-102. Bloomington & Indianapolis : Indiana University Press.

Vanoye, Francis. (1989). *Cinéma et récit : Récit écrit, récit filmique*. Tome 1. Paris : Nathan.

Vidéo de France Télévisions. *Bouguermouh (La Colline Oubliee)*. FR3, URL : https://www.dailymotion.com/video/x1xc3k

Yacine-Titouh, Tassadit. (2001). *Chacal ou la ruse des dominés. Aux origines du malaise culturel des intellectuels algériens*. Paris : La Découverte.

Yacine-Titouh, Tassadit. (2006). *Si tu m'aimes, guéris-moi : études d'ethnologie des affects en Kabylie*. Paris : Maison des sciences de l'homme.

Filmographie

Adrar n Baya, La Montagne de Baya. (1997). Azzedine Meddour, fiction, Imago-Production/ENTV/Caro Line (France).

Les Rameaux de feu. (1983). Mohamed Ifticène, fiction, RTA.

Machaho (1996). Belkacem Hadjadj, fiction, Imago-Production/ENTV.

La Fin des djinns. (1990). Chérif Aggoun, fiction, ENPA.

Le Vendeur de neige. (1991). Achour Kessai, ENTV.

Tawrirt-ittwattun, La Colline oubliée. (1997). Abderrahmane Bouguermouh, fiction, APW Tizi-Ouzou/Bejaïa, CAIC, ENPA.

3

Lmuja (Omar Belkacemi, 2015) : une esthétique du délitement

Salima Tenfiche

Vingt ans après la sortie des premiers films en langue berbère *Machaho* (Belkacem Hadjadj, 1995), *La Colline oubliée* (Abderrahmane Bouguermouh, 1996) et *La Montagne de Baya* (Azzedine Meddour, 1997), qui s'inscrivaient dans la lutte politique pour la reconnaissance de la langue et de la culture berbères en Algérie, *Lmuja* (Omar Belkacemi, 2015) renouvelle les formes et les contenus du cinéma amazigh dans un tout autre contexte politique. Depuis 2002, suite à la répression sanglante du « Printemps noir[1] », l'État algérien a engagé un processus de reconnaissance officielle de l'identité berbère comme composante de l'identité nationale algérienne. Le Tamazight (langue berbère) a ainsi été inscrit comme langue nationale dans la Constitution algérienne de 2002, puis comme langue officielle en 2016[2]. Par l'arrêté ministériel du 25 décembre 2005, le ministère de la Culture a institutionnalisé le Festival culturel national du film amazigh (FCNAFA), un festival dédié à la promotion des films en langue berbère[3].

---

[1] Nom donné à la répression des manifestations pacifiques de commémoration du Printemps berbère de 1980 par l'Armée algérienne en avril 2001, faisant une centaine de morts et plusieurs milliers de blessés.

[2] La langue berbère jouit toutefois d'un statut légal ambigu par rapport à l'arabe. L'article 4 de la Constitution algérienne de 2016 stipule en effet que : « Tamazight est également langue nationale et officielle. » ; cependant l'article 3 précise juste avant que « L'arabe demeure la langue officielle de l'État. »

[3] Le FCNAFA avait été fondé par le Haut-Commissariat à l'Amazighité en 1999. Son institutionnalisation en 2005, sous couvert d'une politique d'intégration de la composante berbère, constitue pour certains un moyen pour l'État de contrôler la production des œuvres en langue berbère et par là même de juguler les revendications berbéristes.

Contrairement aux pionniers des années 1990 qui situaient leurs intrigues édifiantes en pleine nature dans un passé mythique[1], Omar Belkacemi propose une peinture urbaine et contemporaine de la Kabylie. Tourné à Béjaia (plus grande ville côtière de la région) et interprété en langue kabyle par des comédiens locaux, *Lmuja* s'attaque à des réalités sociales et économiques qui concernent l'ensemble des Algériens, bien au-delà du cadre régional. Depuis sa sortie en 2015, *Lmuja*, dont le titre signifie « La Vague », a circulé dans près de soixante-dix festivals à travers le monde. Ce drame social a notamment obtenu le Tanit de bronze aux Journées cinématographiques de Carthage (JCC) en 2015 et l'Olivier d'or au Festival culturel national du film amazigh en 2018. Un succès remarquable pour un film entièrement auto-produit, tourné avec des acteurs non professionnels, et dont le tournage s'est étendu sur trois ans de 2012 à 2015. Moyen-métrage de fiction d'une durée de 37 minutes, *Lmuja* est le troisième film du réalisateur, après un court-métrage documentaire intitulé *Les Berbères en Tunisie* (2003) puis un court-métrage de fiction, *Dihya* (2009), un drame amoureux lui aussi en langue berbère. Lauréat de l'Olivier d'or du court-métrage au Festival culturel national du film amazigh en 2009, *Dihya* reste cependant un échec artistique aux yeux de son réalisateur (entretien avec Omar Belkacemi 2016).

Omar Belkacemi est né à Béjaia en 1970. D'abord comédien au Théâtre régional de Béjaia, il quitte l'Algérie en 1997, en pleine guerre civile, pour se former aux techniques audio-visuelles à l'Institut maghrébin de cinéma (IMC) de Tunis. Il devient ensuite assistant-réalisateur sur plusieurs longs-métrages, notamment pour les cinéastes Youssef Chahine, Nouri Bouzid ou encore Tariq Teguia.

Omar Belkacemi développe le scénario de *Lmuja* durant le tournage de *Révolution Zendj* (Tariq Teguia, 2013), le troisième film de Teguia, dont le regard et la manière de travailler le marquent profondément. Dans un entretien pour *Nnaya TV*,

---

[1] À propos du cinéma *amazigh* algérien, voir notamment Devaux 2016 et Merolla, Naït Zerad et Ameziane 2019.

Belkacemi déclare ainsi : « l'expérience avec Teguia m'a bouleversé. Avec lui, chaque plan est un laboratoire de recherche et de création[1] ». Pour réaliser *Lmuja*, il applique la méthode de son mentor : équipe réduite et principalement composée d'amis volontaires et compétents ; durées de tournage et de montage étendues pour s'adapter à des conditions de production précaires ; recherche esthétique et multiplication des prises à l'envi pour chaque plan. Omar Belkacemi s'enorgucillit en outre d'une totale indépendance financière qui lui permet d'échapper au contrôle de l'État (« J'ai vendu des figues sèches pour financer mon film[2]. »)

À travers une analyse filmique de *Lmuja* (Omar Belkacemi, 2015), nous verrons comment, sous l'influence de Tariq Teguia, Omar Belkacemi parvient, tout en nous livrant un film en langue berbère, à dépasser le seul enjeu identitaire du cinéma *amazigh* des pionniers. Nous montrerons d'abord en quoi les personnages, les décors et les intrigues de *Lmuja,* ancrés dans le temps présent, sont en rupture avec la tradition. Nous étudierons ensuite la manière dont Belkacemi renouvelle la mise en scène de la parole, centrale dans le cinéma *amazigh.* Enfin, nous nous intéresserons à deux procédés formels du réalisateur (le clair-obscur et l'altération du son) qui contribuent à dessiner une esthétique du délitement du lien social.

Un film amazigh ancré dans le temps présent

Dans le cadre de la lutte politique pour la reconnaissance de la culture berbère, les films des pionniers se situaient dans les montagnes de Kabylie à une époque révolue, un espace-temps qui contribuait à façonner une mythologie berbère (Lafer, 2019). Dans *La Montagne de Baya* (Azzedine Meddour, 1997), l'intrigue se déroulait pendant les premiers temps de la colonisation, et dans *La Colline oubliée* (Abderrahmane Bouguermouh, 1996) durant la Seconde Guerre mondiale. *Machaho* (Belkacem Hadjadj, 1995) se situait quant à lui à une époque indéfinie, celle du conte ou de la légende. Au contraire de ces premiers films

---

[1] Entretien avec Omar Belkacemi 2016.
[2] Entretien avec Omar Belkacemi 2016.

berbères, le drame d'Omar Belkacemi se situe en ville (à Béjaia),[1] à une époque récente (la fin des années 1990) et met en scène des hommes et des femmes ordinaires dans des décors urbains dégradés.

Des anti-héros du quotidien

Loin des fiers bergers des montagnes de Kabylie (tels que Larbi et Arezki dans *Machaho,* ou Mokrane, Arzi et leurs amis dans *La Colline oubliée*) et des paysannes courageuses de *La Montagne de Baya*, les protagonistes de *Lmuja* ne sont pas des héros tragiques luttant avec les interdits de la tradition ou contre la colonisation, mais de pauvres hères des villes, pathétiques et fragiles. Ce sont des anti-héros impuissants ou désabusés, des hommes et des femmes « sans qualités »[2].

Mokrane est un chômeur en dépression. Ayant perdu le goût de vivre depuis qu'il a été licencié, il se suicide à la fin du film. Son épouse Latifa est une femme au foyer, soumise et impuissante devant la souffrance de son mari. Lorsqu'elle propose à Mokrane d'aller travailler pour subvenir à leurs besoins, celui-ci refuse catégoriquement, considérant la suggestion de son épouse comme une humiliation supplémentaire, preuve de son incapacité de subvenir aux besoins de son foyer. Seul personnage féminin qui apparaît à l'écran, Latifa ne quitte pas l'espace domestique, dévolu aux femmes selon la norme sociale de ségrégation sexuelle des espaces en Algérie (Bekkar, 1995). Dans les trois scènes où elle intervient, Latifa se trouve soit dans la chambre à coucher, soit dans la cuisine de leur appartement exigu. Elle est toujours au service d'un homme : son mari, son fils ou son frère, Redouane.

Redouane, journaliste exilé en France pour fuir le terrorisme islamiste, revient enquêter sur les licenciements massifs de la fin des années 1990, qui ont déclenché en Algérie une vague de suicides sans précédent et qui donne son titre au film. Cependant Redouane ne parviendra ni à faire aboutir son enquête ni à sauver

[1] Sur les espaces ruraux et urbains des films berbères voir Merolla 2019.
[2] Nous reprenons ici à notre compte le titre du roman de Musil 1958.

son beau-frère Mokrane du suicide. Les amis de Redouane, qu'il retrouve un soir dans un bar de la ville, ne croient plus en rien, ni en la lutte syndicale ni en le militantisme politique. Ces travailleurs désespérés préfèrent oublier leur vie misérable dans la boisson, pour laquelle ils dépensent chaque soir leurs maigres salaires.

Des costumes et des décors urbains

Les personnages de *Lmuja* évoluent dans des décors urbains, à Béjaia, grande ville côtière de Kabylie. Ils sont vêtus « à l'européenne », et non pas drapés de tenues traditionnelles comme dans les films pionniers du cinéma *amazigh*. Dans le moyen-métrage d'Omar Belkacemi, on ne trouve aucune célébration de la culture berbère, ni du territoire kabyle. Dans notre étude de *La Colline oubliée*, nous avions montré comment Abderrahmane Bouguermouh avait inséré de nombreux plans inutiles au déroulement de l'intrigue mais destinés à enregistrer, selon une démarche ethnographique, les us et coutumes, l'artisanat ou encore les tenues traditionnelles kabyles.[1] Rien de tel dans *Lmuja*.

Loin des paysages naturels verdoyants et des maisons traditionnelles de pierre surplombant les montagnes qui servaient de décors aux films pionniers, ce drame urbain se déroule dans les rues sales et délabrées de la ville de Béjaia. À l'instar de Tariq Teguia dans *Rome plutôt que vous* (2006), ou de Karim Moussaoui dans *En attendant les hirondelles* (2017), ou encore de Sofia Djama dans *Les Bienheureux* (2017), Omar Belkacemi filme le territoire urbain algérien tel qu'il est dans la réalité : abimé, à l'image de ces anti-héros du quotidien. Rien n'échappe au cadre de la caméra de Belkacemi : ordures, décharges à ciel ouvert, chantiers en attente, chaussées défoncées. **(Fig. 1)** Tous ces éléments réels du décor urbain de Béjaia construisent l'espace diégétique délabré d'un pays laissé à l'abandon et d'une société en panne.

---

[1] Tenfiche 2019.

Ainsi, au début du film un plan fixe dans une rue de Béjaia, à l'aube, présente au centre de l'image une voiture en panne, à l'arrêt sur un rond-point. La voiture n'a plus qu'un phare allumé, le capot est ouvert, son propriétaire tente de la réparer. Derrière celle-ci, des poubelles s'entassent sur la chaussée. **(Fig. 2)**

Plus loin, dans un plan d'ensemble, la ville de Béjaia filmée de jour en arrière-plan se reflète dans une flaque d'eau sur la chaussée au premier plan, que Redouane et son neveu doivent enjamber pour ne pas souiller leurs chaussures. **(Fig. 3)**

Une séquence muette, longue de quatre minutes s'attarde avec solennité sur les docks désertés du port de Béjaia. De longs travellings découvrent en silence les containers entassés et les machines à l'arrêt, comme un dernier hommage rendu à ce lieu de travail que fréquentaient chaque jour des milliers d'ouvriers avant la vague de licenciements massifs. **(Fig. 4)**

Seul le bord de mer filmé de nuit échappe à cet environnement souillé et délabré. Cet espace préservé apporte un dernier instant de réconfort à Mokrane. Dans la scène qui suit, le personnage passe à l'acte en se jetant sous les roues d'un poids-lourd.

Quant aux deux décors intérieurs du film, il s'agit d'espaces exigus, inhospitaliers et défraîchis. Le deux-pièces étroit et sans charme où vivent le couple, l'enfant et le frère de passage, est toujours présenté dans l'obscurité ou dans une lumière blafarde. Dans le bar où se rend Redouane, l'omniprésence de la couleur verte, qui émane des néons du plafond, des réfrigérateurs, ainsi que des bouteilles de bière qui s'accumulent sur les tables, instaure une atmosphère glauque à la soirée entre amis qui finira par un conflit, puis par une séparation.

Un drame social réaliste

Loin de la célébration des traditions et des paysages de Kabylie, Omar Belkacemi s'attaque ici aux licenciements massifs survenus à la fin des années 1990, dans le cadre des restructurations économiques imposées par le FMI à l'Algérie. Cette séquence de l'histoire récente du pays demeure méconnue car elle fut passée sous silence pendant la « décennie noire », dans un pays endeuillé par le terrorisme islamiste. Le film d'Omar Belkacemi n'est ni un conte édifiant ni une légende berbère mais un film réaliste contemporain. Dans *Lmuja* il est ainsi question du suicide d'un homme, Mokrane, ouvrier au chômage. Mais le film ne prend pas la forme d'un drame psychologique, qui pénétrerait l'intériorité du personnage afin de mieux dévoiler les raisons subjectives de son passage à l'acte, mais celle d'un drame social. À la manière d'un sociologue, Belkacemi part d'un constat, celui des suicides liés aux fermetures d'entreprises, et tente d'en trouver les facteurs externes à la seule pathologie de l'individu. Le film prend ainsi la forme d'une enquête menée par le personnage de Redouane, journaliste de passage en Algérie. À partir du cas singulier de Mokrane, c'est le devenir de l'ensemble des ouvriers licenciés dans les années 1990 qu'explore le réalisateur.

Dans la première scène du film, Mokrane est présenté dans la pénombre de sa chambre à coucher, dans l'intimité de son lit. Mais dès le plan suivant, le titre apparaît en lettres capitales rouges : « LMUJA » (La Vague). La dimension collective prend dès lors le pas sur l'individuel. Dans la scène qui suit, c'est le journaliste Redouane qui prend le relais de la future victime, Mokrane, ouvrier licencié qui finira par se suicider. Dans cette scène, en effet, Mokrane devient l'objet de l'étude, celui dont on parle à la troisième personne du singulier, le sujet de la discussion entre le journaliste qui mène l'enquête et le gardien de l'usine où Mokrane travaillait. Le gardien explique ainsi face caméra au journaliste que Mokrane n'est pas un cas isolé, mais un parmi quatre cents autres ouvriers licenciés par l'entreprise. Mokrane n'est qu'une des nombreuses victimes de « la malédiction du siècle[1] » : le plan d'ajustement structurel imposé par le FMI. Tout au long du film, se succèderont ensuite plusieurs plans d'usines fermées, de machines à l'arrêt, séquelles des restructurations, ou de séquences sans dialogue qui s'attardent à montrer une activité économique encore en sursis. Une longue séquence pénètre ainsi le quotidien des dockers du port de Béjaia

[1] *Lmuja* (Omar Belkacemi, 2015). TC : 00:03:32.

(00:08:46 à 00:12:40) ; une autre s'attarde sur la façade d'une usine où pendent les banderoles de revendications syndicales qui demandent le départ du PDG, afin d'éviter la destruction d'emplois (00:15:08 à 00:15:34) **(Fig. 5)**.

Omar Belkacemi construit ainsi une illustration de la thèse d'Emile Durkheim développée dans *Le Suicide*.[1] Dans cet ouvrage fondateur de la sociologie, Emile Durkheim tentait en effet de montrer que l'acte individuel du suicide n'en est pas moins un fait social, dépassant la sphère de l'intime et trouvant ses origines dans le délitement du lien social.

Renouvellement de la mise en scène de la parole

Incommunicabilité

Le délitement de la cohésion sociale se traduit dans ce film par l'incommunicabilité omniprésente qui frappe tous les types de rapports sociaux. Chaque tentative d'échange et de partage donne lieu à un échec, voire à un conflit.

Au sein du couple : Latifa ne parvient pas à percer la carapace de son mari dépressif. Alors qu'il a une insomnie, elle se lève, va à ses côtés, l'enlace, lui parle. Mais rien n'y fait, Mokrane reste prostré, enfermé dans ses préoccupations, la tête baissée. Lorsqu'elle lui propose de travailler pour subvenir à leurs besoins, il refuse, se met en colère et sort du champ. La discussion est terminée.

Dans la relation entre frère et sœur : Latifa a des échanges très convenus avec son frère Redouane le soir de son arrivée en Algérie. C'est une discussion de politesse qui sonne faux aux oreilles du spectateur, qui sait que Latifa ne dit pas la vérité à son frère, dissimulant la situation de misère dans laquelle elle vit avec son mari Mokrane.

Entre citoyens : Dans le bar, tout le monde parle mais personne ne s'écoute. Devant les bouteilles de bière vides qui s'entassent

---

[1] Durkheim 1897.

sur les tables et dans les volutes de fumée de cigarette, chacun jette une phrase à la cantonade sans attendre de réponse, à l'exception de Redouane, le journaliste qui mène l'enquête. Seul dans le cadre en contre-champ, Redouane écoute ses amis, témoin silencieux et impuissant de leur désespoir. L'un dénonce la trahison des organisations syndicales, l'autre la condition de la femme berbère, un autre le plan d'ajustement structurel imposé par le FMI. Chaque personnage prend la parole à tour de rôle, comme pour se soulager, mais aucune discussion ne parvient à s'établir en dehors d'un bref dialogue final entre Redouane et Moustapha, qui déplore à son tour l'hypocrisie de ses concitoyens.

Entre amis : Redouane, qui s'est exilé en France, et son vieil ami resté au pays ne se comprennent plus. La discussion entre eux, qui avait pourtant bien commencé vire au conflit et se termine par des insultes qui scellent la fin d'une amitié. L'ami crie à Redouane qui s'éloigne dans la pénombre : « Et la prochaine fois que tu reviens au pays, ne me rappelle plus[1] ! »

Seule la scène entre Redouane et son jeune neveu Meziane, le fils de Mokrane et Latifa, témoigne d'un lien social solide et apaisé. Les deux interlocuteurs s'écoutent et partagent un bref moment ensemble. C'est en outre un cri de vérité de la part de Meziane qui retentira à la fin du film, lorsque l'enfant comprendra que son père vient de se suicider.

Une caméra qui suit les mouvements de la parole

Contrairement aux tableaux figés du cinéma amazigh des pionniers, notamment dans *La Colline oubliée* (Tenfiche, 2019), l'incommunicabilité entre les individus n'est pas toujours filmée à travers des plans fixes. La caméra d'Omar Belkacemi est mobile. Dans chaque scène dialoguée, la caméra suit la distribution de la parole, tourne autour des protagonistes, passe de l'un à l'autre, se fige puis reprend son cours. Les mouvements de la caméra autant que son placement dans l'espace parviennent à rendre compte de l'absence de cohésion sociale.

---

[1] *Lmuja* (Omar Belkacemi, 2015). TC : 00:30:00.

Dans la scène de nuit entre Redouane et son ami, qui discutent dans la rue alors qu'ils ont quitté le bar, la caméra est en mouvement et suit le fil de leur dialogue tant que les deux protagonistes sont en accord. Par un travelling arrière, le spectateur est ainsi assailli par les propos des personnages qui avancent vers lui. Redouane déplore le manque de mobilisation politique, tandis que son ami tente de lui expliquer la prostration de la majorité de la population qui réussit à peine à survivre dans la misère et la privation de liberté. Dès que la discussion s'envenime, Redouane met un terme à la conversation et sort du champ, laissant son ami qui l'invective seul dans le cadre. La caméra se fige alors sur l'ami en colère, avant de se tourner, au plan suivant, vers Redouane qui s'éloigne peu à peu dans l'obscurité. Dans un champ/contre-champ, les deux amis, désunis, se séparent alors. Chacun repart de son côté dans un sens opposé, l'un dans la lumière (l'ami), l'autre dans l'obscurité (Redouane). Le dialogue étant rompu, la caméra est fixe pour chacun des deux plans.

Personnage en situation de rupture avec sa femme, son fils, ses amis et son environnement professionnel, Mokrane est toujours filmé en plan fixe. Taiseux, il ne prononce que trois courtes répliques et ne participe à aucun dialogue. À son image, la caméra est prostrée. Sans lien avec personne, Mokrane ne déclenche aucun mouvement de caméra. Ainsi, au début du film, la caméra reste fixe à l'entrée de l'appartement, tapie dans le noir, à distance respectueuse de l'échange intime qu'elle dévoile malgré tout. Tout se passe comme si Belkacemi n'osait pas montrer cette intimité nocturne et triste d'emblée, comme s'il n'osait pas tout dévoiler dès le début du film, avec une certaine pudeur pour le couple ou pour la souffrance de Mokrane. Le spectateur se retrouve ainsi à la place d'un voyeur coupable, ou d'un observateur compatissant mais impuissant. Dans la diégèse, cette place de témoin impuissant est également celle de Latifa, de Redouane, autant que du fils, Meziane, tous incapables de venir en aide à Mokrane.

Une esthétique du délitement du lien social

Renversement de la symbolique ombre et lumière

Le délitement du lien social qui conduit Mokrane au suicide se traduit aussi dans l'esthétique en clair-obscur d'Omar Belkacemi. Le processus funeste qui conduit Mokrane au suicide s'illustre visuellement dans le passage progressif de l'obscurité (première scène dans l'appartement de Mokrane plongé dans le noir) à la lumière éclatante de la dernière séquence (les phares du poids lourd sous les roues duquel Mokrane met fin à ses jours). Ce passage de l'ombre à la lumière correspond à la mise au jour de cette vague de suicides par Belkacemi à travers le film lui-même. Contrairement aux connotations traditionnelles associées à la lumière, celle-ci n'est jamais synonyme de chaleur ni de joie. Seule la symbolique de la lumière comme source de révélation de la vérité est opérante dans *Lmuja*. Elle rend visibles tour à tour la souffrance et l'humiliation de Mokrane, puis le conflit entre les amis et enfin la mort de Mokrane dans la scène finale.

Dans la scène d'ouverture, Mokrane apparaît pour la première fois dans l'obscurité de sa chambre, avant de se lever de son lit et de gagner la cuisine. Lorsque Mokrane allume le plafonnier, le spectateur le découvre à contre-jour. Les traits du visage de Mokrane sont insaisissables, son identité est imperceptible. Silhouette se détachant du décor, il ne forme qu'une ombre sans profondeur qui se déplace lentement et de manière mécanique, comme un somnambule ou un zombie. Ombre sans visage, il pourrait être n'importe lequel de ces milliers de chômeurs sacrifiés sur l'autel du redressement économique du pays. Dès cette scène d'exposition, dont le clair-obscur rappelle l'esthétique des tableaux de Georges de La Tour **(Fig. 6)**, la première action de Mokrane annonce déjà l'issue tragique du film, lorsqu'il abandonne sa place de mari dans le lit conjugal pour y placer son fils encore endormi.

Dans la scène de discussion entre Redouane et son ami, la lumière révèle un désaccord entre les amis. Tant qu'ils sont dans l'obscurité, les deux amis échangent en toute amitié. Ils sont en lien et se montrent de l'affection, bras dessus, bras dessous. Mais dès qu'ils entrent dans la lumière des lampadaires, c'est la discorde. Le ton monte, la discussion se termine par une séparation et une rupture amicale. Redouane quitte le champ et retourne dans l'obscurité tandis que l'ami reste dans la lumière, en colère. À cet instant précis, la voiture borgne, dont seul un des deux phares fonctionne et qui était en panne au début du film, traverse le champ rapidement. Le retour de cet élément du décor pose alors une question subliminale au spectateur : au royaume des aveugles qui est le borgne-roi ? Qui refuse de regarder en face la vérité révélée par le film de Belkacemi : Redouane, son ami, ou le spectateur algérien ? Dans la dernière scène en tout cas, lorsque Mokrane se jette sous les roues d'un poids-lourd et que les phares illuminent les yeux du spectateur d'un flash de lumière blanche **(Fig. 7)**, celui-ci ne peut plus détourner pudiquement le regard sur la réalité de cette vague de suicides.

L'appel du suicide : un son subjectif

Le processus du passage à l'acte est mis en scène par un travail subtil sur le son. La vague qui va emporter Mokrane à la fin du film est incarnée par la bande sonore à travers un bruit qui rappelle celui que font les vagues qui s'écrasent sur le sable.

Ce bruit de vagues apparaît pour la première fois, au ralenti, dans la scène où la misère pousse Mokrane à revendre les vêtements de sa femme et de son fils au marché et que Redouane, accompagné par le fils, l'en empêche. La scène est filmée en plongée et en plan large, si bien que les protagonistes paraissent minuscules et se fondent dans la masse des badauds. Dans cette scène, le son et l'image ne sont pas synchrones et le spectateur ignore où se trouve la source du son étouffé et ralenti de vagues qu'il entend. À la fin de la scène, lorsque Mokrane pose ses mains sur les oreilles, on peut supposer qu'il s'agit d'un son subjectif. Le bruit se trouve dans la tête de Mokrane. On peut comprendre qu'il s'agit là d'une première tentation de suicide, suite à l'humiliation que Mokrane vient de subir par son beau-frère, en présence de son propre fils. Ce bruit de vague est un signe avant-coureur de la fin tragique du film.

On retrouve ce même son étouffé et ralenti dans la scène où Mokrane se dirige droit vers la plage et qu'on devine qu'il n'en reviendra pas, puis dans la dernière scène juste avant le passage à l'acte ultime. La vague représente ainsi le processus, qui s'intensifie progressivement, jusqu'à emporter le personnage. Cependant le bruit de vagues n'est que symbolique du phénomène social et économique massif qui finit par emporter Mokrane, parmi des milliers d'autres travailleurs licenciés. En effet, le spectateur pouvait supposer que Mokrane mettrait fin à ses jours en se jetant dans la mer, compte tenu de la présence de ce bruit de vagues, puis du début de la dernière scène où Redouane retrouve son beau-frère, seul et prostré dans l'obscurité devant la mer. Au contraire, le suicide n'a pas lieu dans un élément naturel (la mer) mais dans un environnement social (la rue), sous les roues d'un camion, un engin mécanique, un produit industriel, symbole de la cause du drame social qui a donné lieu aux licenciements, à l'origine de la vague de suicides.

Conclusion

Le drame social d'Omar Belkacemi s'inscrit autant dans le cinéma en langue berbère que dans une nouvelle dynamique du cinéma algérien, initiée depuis la fin de la guerre civile par Tariq Teguia et que nous qualifions de « cinéma de la démystification ». Cette nouvelle génération de cinéastes, dont font également partie Hassen Ferhani, Karim Moussaoui, ou encore Sofia Djama, ne vise plus à nourrir le roman national, à l'instar des épopées étatiques, mais donne à voir au contraire des images plurielles de la société algérienne qui acceptent la réalité telle qu'elle est, triste et décevante. Ou du moins telle qu'elle l'a été jusqu'au 22 février 2019, date du déclenchement du *Hirak*, mouvement démocratique algérien, annonciateur d'un changement social tant attendu par les nouvelles générations.

Références bibliographiques

Bekkar, Rabia. (1995). Ségrégation sexuelle et espace urbain en Algérie. In EPHESIA (collectif) (éds.). *La place des femmes. Les enjeux de l'identité et de l'égalité au regard des sciences sociales*, pp. 227-231. Paris : La Découverte.

Devaux Yahi, Frédérique. (2016). *De la naissance du cinéma kabyle au cinéma amazigh*. Paris : L'Harmattan.

Durkheim, Émile. (1897). *Le Suicide : Étude de sociologie*. Paris : Félix Alcan.

Lafer, Latéfa. (2019). Les films fondateurs du cinéma amazigh en Algérie. Thèmes et esthétiques d'une revendication sociale et politique. In Daniela Merolla, Kamal Naït Zerad et Amar Ameziane (éds.). *Les cinémas berbères. De la méconnaissance aux festivals nationaux. Comparaisons africaines*, pp. 119-145. Paris : Karthala.

Merolla, Daniela. (2018). Le cinéma amazigh entre le film « grand écran » et « Amazighwood ». *Langues O'*, 3, pp. 46-47.

Merolla, Daniela (2019). Cinéma amazigh (berbère). Spatialisation de la ville et du monde rural. In Daniela Merolla, Kamal Naït Zerad et Amar Ameziane (éds.). *Les cinémas berbères. De la méconnaissance aux festivals nationaux. Comparaisons africaines*, pp. 147-168. Paris : Karthala.

Musil, Robert. (1958). *L'Homme sans qualités*. Paris : Seuil.

Sidaoui, Sihem (2015). Ombres et lumières dans Lmuja de Omar Belkacemi, URL : http://sihemsidaoui.blogspot.com/2015/09/ [consulté en ligne le 5 juin 2019].

Tenfiche, Salima. (2019). *La Colline oubliée*, une pastorale contemporaine berbère. In Daniela Merolla, Kamal Naït Zerad et Amar Ameziane (éds.). *Les cinémas berbères. De la méconnaissance aux festivals nationaux. Comparaisons africaines*, pp. 181-206. Paris : Karthala.

Omar Belkacemi Entretien, Chaîne en ligne *Nnaya TV*, février 2016, URL : https://www.youtube.com/watch?v=E4UgbgPCUvg [visionné en ligne le 5 juin 2019].

Figures

Figure 1

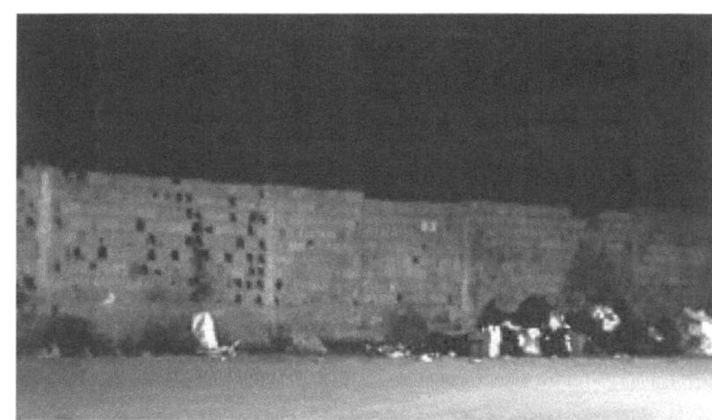

Figure 2

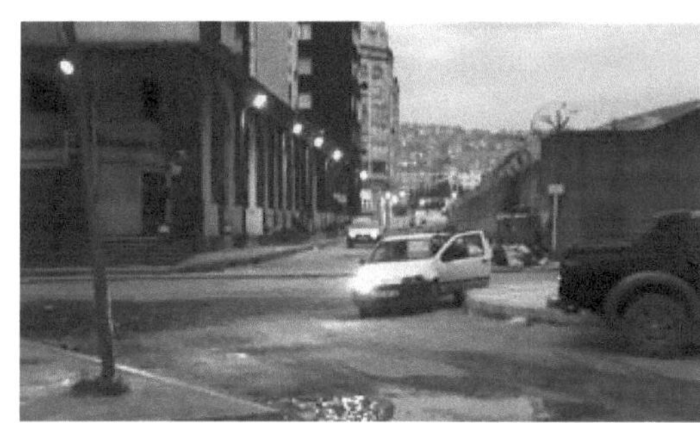

Figure 3

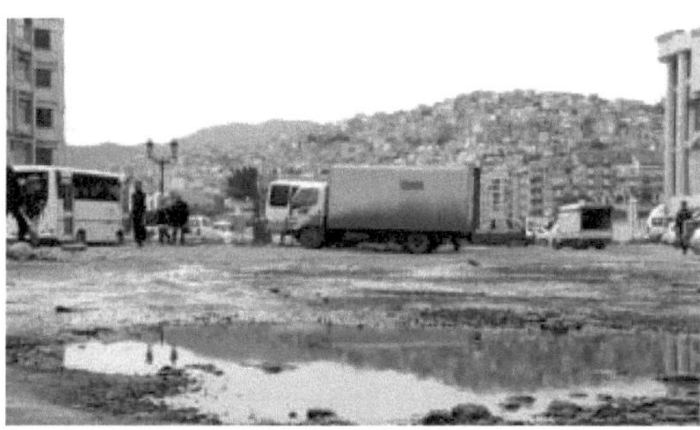

Figure 4

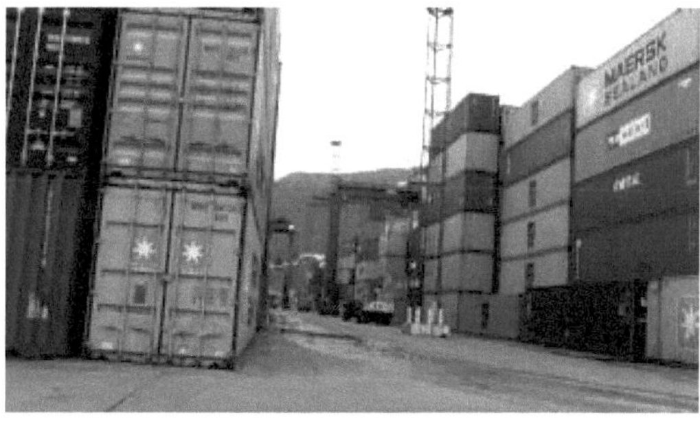

Figure 5

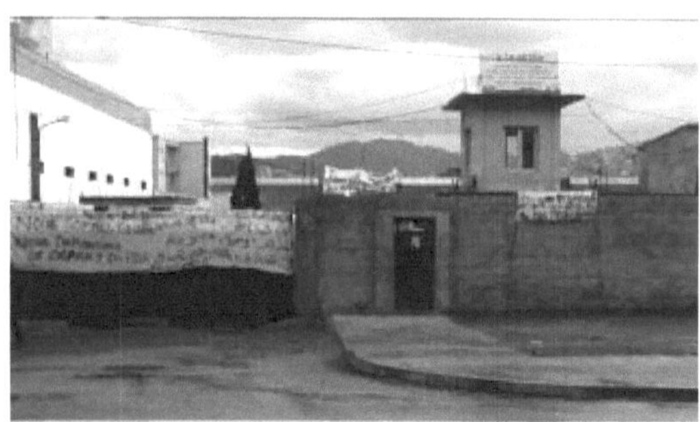

Figure 6

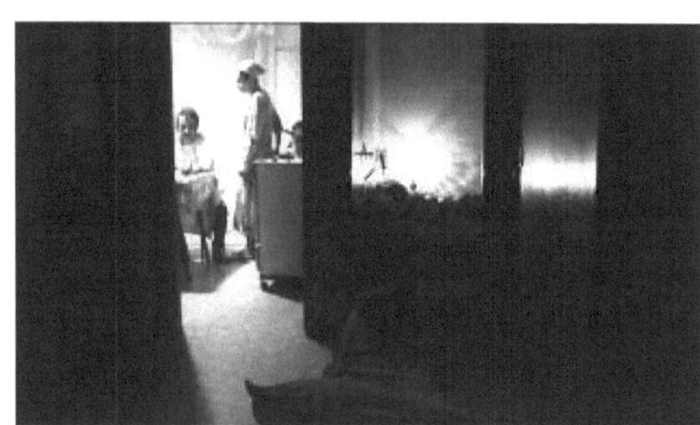

Figure 7

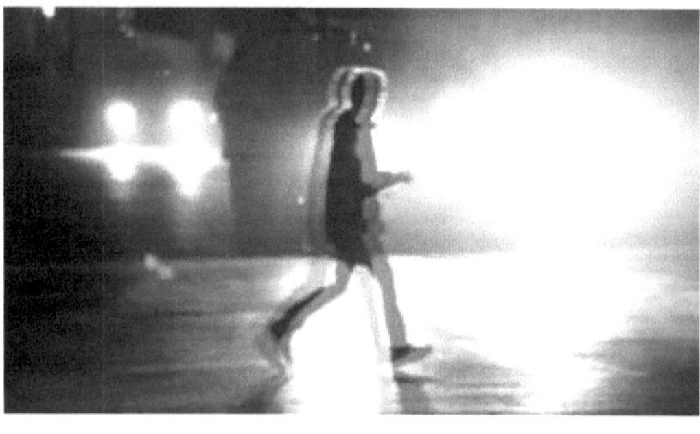

4

Le cinéma berbère et le regard anthropologique : le cas du film *Imuhar* réalisé par Jacques Dubuisson, 1997

Ahcene Hargas

Le syntagme « Maître ignorant » consiste en la capacité intellectuelle à générer de l'intelligence dans un rapport d'égal à égal (entre « le maître » et « l'ignorant ») : « l'intelligence est la puissance de se faire comprendre qui passe par la vérification de l'autre. Et seul l'égal comprend l'égal. Égalité et intelligence comme raison et volonté » (Rancière, 1987 : 123). Dans cet article, je tenterais une analyse du film *Imuhar* (Jacques Dubuisson, 1997) à la lumière de la notion du « maître ignorant » de Jacques Rancière pour en montrer le caractère de rite initiatique, impliquant un savoir anthropologique touareg et nomade. Le film *Imuhar*, avec les dialogues en français et en tamajeq et la bande sonore jouée par les musiciens touaregs Abdallah Ag Oumbadougou et le groupe Oyiwan, a été reçu de manière ambivalente par la critique. Si l'attention documentaire aux gestes quotidiens, les images des lieux et la bande sonore sont appréciées par certains (Danel, 2017, Nicklaus, 1996), le spécialiste de cinéma africain Olvier Barlet (1997 et 2016) voit ce film comme un « portrait idyllique » d'une société présentée comme « immuable ». Ce commentaire semble indiquer que le film a adopté une approche folklorique et néocoloniale du monde touareg. Le film pose également un certain nombre de défis dans la perspective de son appartenance au cinéma berbère, touchant aux dialogues en langue française, à la nationalité du réalisateur et du producteur, et à l'approche documentaire et ethnographique[1]. Faire référence au concept de « maître ignorant » permet de repenser ces critiques et ces défis.

[1] Ce film a également été au centre d'un conflit de contrat et de droit d'auteur entre le producteur et le réalisateur comme l'indique un article paru dans *Libération* (Bouzet, 1997).

Le film *Imuhar*

Le film *Imuhar* narre l'histoire de Khanan, né d'un père touareg et d'une mère française. Après une rencontre amoureuse dans le désert touareg, Najem épouse Claire et les deux choisissent de vivre à Paris. À la naissance de Khanan, Claire fait un accident de voiture et décède. Douze ans après, Khanan âgé de onze ans accompagne son père pour rendre visite à sa famille paternelle. Comme un rite initiatique, le film nous met sur le chemin de Khanan qui, lui, semble se mettre sur les pas de son père. Le séjour est partagé par toute la communauté à la tête de laquelle le grand-père Kênuni en est le chef. Dès son arrivée, Khanan est considéré dans une optique inclusive comme un membre au sein de la grande famille. Son rite de passage serait celui de tous les garçons de son âge vivant dans le campement. Dans ce rite initiatique, Khanan subit un enseignement selon la convenance touarègue.

Dans un premier temps, nous discuterons des principes de cet enseignement en fonction de la logique de l'« égalité des intelligences » que nous retrouvons dans l'ouvrage *Le maître ignorant, les cinq leçons d'émancipation intellectuelle*, de Jacques Rancière (1987) ; dans un second temps, nous traiterons comment l'image fixée sur le représenté prend corps dans le voir comme une nouvelle expérience du regard postulant une forme dissensuelle où le regardant et le regardé perdent leurs positions représentatives dans un positionnement égalitaire du voir.

Les dialogues du maître ignorant touareg

La notion d'égalité des intelligences dans le rapport d'égal à égal (Rancière, 1987 : 123)[1] s'impose dans *Imuhar*, car l'objet du film est en soi un parcours initiatique, et comme rite la raison de l'épreuve nécessite une émancipation intellectuelle qui passe par l'égalité. Khanan est alors l'élève, l'ignorant, celui qui est censé apprendre et son grand-père Kenûni le Maître, le connaisseur des

[1]Autour des différences entre l'approche égalitaire de Rancière et l'approche socratique à la transmission du savoir, voir Verdeau 2013.

us et coutumes. L'affirmation de Khanan dans l'épreuve initiatique comporte l'apport du grand-père qui doit en assurer la réussite : « son intégration ». Selon les valeurs de la communauté *Imuhar*, les enfants deviennent adultes pour être libres, ce que signifie le mot *Imuhar* : être libre. Cette liberté acquise est conditionnée par une pratique rituelle permettant à l'adulte de jouir de son appartenance à sa communauté, et dans le respect des règles qui régissent les rapports entre les membres de celle-ci. C'est autour des actions de Khanan au campement, ponctuées en amont ou en aval par des haltes en tête à tête, principalement avec son grand-père, qu'un tel ordre de passage prend la forme de « rite » de la vie commune.

Néanmoins Khanan accepte la coupe de cheveux, gagne au jeu *Zerzari* et subit un échec lors de la course à dos de chameau. Cet échec est perçu comme un affront, comme si son intégration allait en dépendre. Son chameau égorgé, alors, pour lui redonner de l'honneur, ne lui suffit pas. Regrettant un tel sacrifice dont il pense en être la cause, Khanan choisit de se révolter. Il décide d'affronter la vie. Il se lance dans le désert. Mais Khanan a été déjà prévenu lors de son instruction initiatique : dans une séance de conte en référence à la difficulté de retrouver le chemin dans le désert quand on perd les repères ; dans une veillée au clair de lune, il apprend de Kênuni comment repérer l'étoile Polaire pour reconnaître la direction qu'on voudrait prendre dans le désert ; il sait notamment que les monticules de pierres sur les rebords de la piste servent de balises en cas de vent de sable. Cette instruction n'est donc pas vaine, puisqu'il est retrouvé plus loin souffrant et sans conscience, adossé à l'une des balises de la piste par un camionneur, du nom de Hamou, qui était sur le point de se rendre à son campement à quelques dizaines de kilomètres. Il est soigné dans la famille de son sauveur qui lui rend son honneur pour avoir affronté la mort. Il lui dit que dans son état inconscient, il prononçait le nom de Claire, sa mère morte, dont les cendres ont été éparpillées dans les sables de ce même désert qu'il a affronté après avoir été contrarié dans sa quête initiatique. Le nouveau maître ignorant reconnait à Khanan la légitimité de sa réaction laquelle, dans la conception du monde touareg, n'est pas formatée par des interdits et tabous, mais perçue comme une pensée libertaire et pragmatique. Le film n'a aucun attrait à la religion, mais à un univers mythologique dont la connaissance est restituée par la justesse du discours du maître ignorant. Convaincu, Khanan accepte d'être remis à sa communauté. L'épreuve initiatique entamée sous l'observation du grand-père se termine sur cette action qui permet à Hamou de rencontrer Taness la tante de Khanan, et qui aboutit à un mariage. Cette action est aussi décisive, car elle implique un écart où le regard de Kenûni porté sur Khanan se déplace vers le regard de Khanan porté désormais sur les déambulations du nouveau couple. Dans cet écart où le regardé devient regardant, un tournant esthétique s'opère dans le partage du sensible que Rancière définit par « la façon dont les formes d'inclusion et d'exclusion qui définissent la participation à une vie commune sont d'abord configurées au sein même de l'expérience sensible de la vie » (Palmiéri 2002 : 34). Donc Khanan est présenté comme un élément pivot de l'expérience sensible rendue par le film sur la vie commune des Imuhars.

Un regard anthropologique du film *Imuhar*

Imuhar visualise l'expérience sensible de la vie commune nomade. À part quelques allers-retours à l'extérieur du campement (pâturage, recherche de Khanan après sa fuite), le tournage est concentré sur le campement. Khanan qui est dans le champ du visible, n'obéit à aucun programme durant son séjour. Il entreprend des actions sans contrainte morale ou sociale. Les prises de vue ne nous informent pas sur ses actions, mais sur sa curiosité portée sur les pratiques, les objets et les comportements des membres de sa communauté. Le grand-père révèle sa propre connaissance s'appuyant sur l'intelligence de Khanan en fonction de cette curiosité. La pluralité incontestable des représentations parcellaires dans le film prend au défi une vie commune sur un territoire restreint, en vase clos, qui serait difficile de vivre sans la multiplication des manifestations ludiques. Mais le film n'est pas fait d'un montage de coupures d'écran où des informations - notamment sur les us et coutumes - seraient données dans le temps réel d'une action cinématographique. Le temps du film est symbolique, au diapason du cycle normal d'existence touareg. Il restitue à l'œuvre cinématographique sa qualité « énigmatique et dramatique » évitant tout excès de visibilité de l'image à effet signalétique, évitant donc « découpes chroniques et accélérations artificielles ». Cela permet à la pensée, comme l'écrit Alain Gautier, de : « s'installer dans son propre temps de mise en forme. Certaines sociétés [...] sont plus prédisposées que d'autres à accueillir les effets du temps symbolique, à en ménager le régime. Elles donnent alors l'hospitalité aux rites, au cycle cérémoniel, à la parole perdue, à l'échange de coups [...] ou à la création »[1].

Toutefois, d'un certain point de vue critique, contrairement, par exemple, à la course à dos de chameau qui prélude à l'évasion de Khanan, des scènes telles que « la naissance » et « le mariage » sont introduites de manière discontinue dans la ligne narrative, ce qui peut se traduire par un complément scénique folklorisant, moins motivé et sans apport réel et direct à la construction du fil de la quête initiatique. Mais d'un autre point de vue, si l'on considère le film comme collecte de formes symboliques, soumises à l'exigence du regard de Khanan, ces scènes servent d'appoint à sa construction mémorielle. Dans ce cas de figure, tout ce qu'il y a lieu de sauver de l'oubli, dans la vie quotidienne des Touaregs, et tout ce qui motive l'expérience sensible de leur vie commune rentre dans les prérogatives de la quête initiatique de Khanan. Dans un rapport inclusif de transfigurations *in situ et in visu*,[2] le film *Imuhar* remonte, en effet, dans le fil de

---

[1] Gautier 1996 : 51-52.

[2] Descola 2001 : 680 : « « [...] si l'on veut exploiter le trait le plus intéressant de ce à quoi la notion de paysage faisait référence initialement, il faut moins associer cette notion à des objets constitués – des tableaux, des jardins, des milieux aménagés – qu'au processus même au moyen duquel ces objets sont constitués en paysages, processus que l'on a défini comme une transfiguration. La transfiguration est un changement d'apparence délibéré au terme duquel un site devient un signe d'autre chose que lui et révèle par là ce qu'il contenait en puissance. Pour retenir l'utile distinction proposée par Alain Roger, ce processus peut se réaliser in situ, lorsqu'il s'agit de l'aménagement d'un lieu, ou in visu, par l'élaboration d'un schème visuel organisant la figuration concrète et servant de filtre au regard ».

L'approche de Descola intéresse notre analyse portée sur le film *Imuhar*, car il s'agit de dire de quelle façon les Touaregs s'approprient la culture nomade et l'environnement saharien. Dans *Imuhar*, le film donne à voir ces deux aspects

l'image des repères astrologiques et terrestres propres aux nomades du désert, des représentations traditionnelles par lesquelles les Touaregs du Niger organisent leur vie culturelle : la course à dos de chameau, le jeu *Zerzari* (jeu de boules à la crosse chez les Berbères), le *Guignol touareg* (un jeu de marionnettes qui est une tradition ambulante), et des rites : rite de naissance, rite de passage (coupe de cheveux), rite de mariage. Tout cela est marqué par l'utilisation des dialogues en tamajeq et en français.

L'approche holistique du cinéma berbère

Les personnages dans *Imuhar*, à l'instar de ceux de *La colline oubliée* d'Abderahmane Bougarmouh ou de *La montagne de Baya* de Belkacem Hadjaj, ne sont pas coupés de leur environnement, ils y sont constamment reliés comme s'ils en dépendaient. Frédérique Devaux Yahi relève dans *La colline oubliée* que

> « les mouvements de la caméra lient d'une manière récurrente les humains et leur environnement. L'auteur associe personnages et paysages dès l'exposition du film, puis enracine ces humains sur leur terre […] la caméra lie aussi les humains entre eux »[1].

Notons que les transfigurations *invisu* telles que les cérémonies, les rituels, les contes, les jeux traditionnels (ex dans *Imuhar* : *Zerzari* ou jeu de boules et le *Guignol touareg*), portées à l'écran dans le cinéma berbère, tendent à suggérer une correspondance dans les transfigurations *in situ* (Descola 2013). Pour expliquer ce fait dialectique, il nous importe de reprendre la définition de Descola de *La figuration* :

---

dont le rapport participe de l'intérêt que les Touaregs se donnent à préserver leurs acquis anthropologiques et ethnographiques. La notion de transfigurations *in visu et in situ*, nous permet d'établir ce rapport entre culture et nature que nous signalons par ailleurs, à titre comparatif, dans d'autres films de langue kabyle.

[1] Devaux Yahi 2016 : 142-143.

> « entendue, écrit-il, comme cette opération universelle au moyen de laquelle un objet matériel quelconque est investi de façon ostensible d'une « agence » (au sens de l'anglais, agency) socialement définie à la suite d'une action de façonnage, d'aménagement, d'ornementation ou de mise en situation »[1].

Suite à cette définition, on relève que le film *Imuhar* a une fonction d'« agence » dont l'action de « mise en situation » consisterait à réunir les conditions de réalisation des transfigurations *in visu* et *in situ*. L'une ne peut se faire sans l'autre. La transfiguration *invisu* s'organise, donc, en fonction des ressources ethnographiques *in situ* par lesquelles la localisation de l'action de « mise en situation » et son « agencement » deviennent possible. Ceci explique pourquoi, dans le cas du cinéma d'expression kabyle, les sites naturels sont souvent restaurés lors des tournages. Le réaménagement des transfigurations *in situ* des lieux du tournage ont été entrepris avec, éventuellement, la contribution de la population par son savoir-faire tel que témoigne Slimane Hamel (par exemple), un des acteurs dans le film *La colline oubliée* :

> « Je rendrais hommage, au passage, aux villageois de Beni Maouche, Béjaïa. Grâce à leur apport, nous avons pu restaurer l'ancien village de Beni Maouche, détruit durant la guerre de Libération nationale, pour le tournage du film. Les matériaux nécessaires, comme la tuile, ont été récupérés et acheminés depuis plusieurs villages de Kabylie »[2].

La restauration du village kabyle lors des tournages est en soi un signe fort qui rappelle sur la relation étroite des Kabyles avec leur environnement naturel. Cette coexistence entre la nature et l'humain est remarquablement « exposée », aussi, dans le film *La montagne de Baya* lors de la séquence où la communauté venait bâtir – après l'exil et le désarroi - un village au sommet de la

---

[1] Descola 2006 : 141.
[2] Tighilt Kouceila 2013.

montagne avec, au plus haut des maisons greniers et en contre bas des lopins (Timizar) organisés en agriculture de terrasse. Cette action restauratrice réapproprie le paysage de la montagne dans un processus de transfiguration *in visu* par la célébration d'un rite de fertilité, celui d'*Anza*r (Dieu de la pluie chez les Berbères). Dans le film, des personnes se retrouvent sur les hauteurs de la montagne après que les colons les ont renvoyés de leurs propriétés dans la plaine. Ils décident, alors, d'apporter de la terre et de tenter de la cultiver sur les hauteurs rocheuses. Ils ont procédé à la plantation du maïs et exécuté le rituel d'*Anzar*, car l'eau de pluie se faisait rare. Dans le rituel d'*Anzar*, il s'agit dans le film d'implorer *Anzar* dieu de la pluie et de lui consacrer la jolie fille, en guise de fiançailles (dans le film c'est l'actrice principale qui a joué le rôle), pour que celui-ci lâche de la pluie sur la semence. La cérémonie s'est faite en présence de toutes les personnes exilées dans la colline. Elle a été exécutée d'une façon exemplaire participant de la musique, de la dance et d'un repas partagé entre tous. Plus tard que la pluie soit tombée, et que le maïs ait donné du fruit, arrive une équipe d'agents de service de l'administration coloniale (les goumis). Subjugués par la verdure de la poussée des graines du maïs et sa conception adaptée à la colline du Djurdjura qui la surplombe, les goumis somment ainsi jalousement cette nouvelle communauté d'octroyer à l'administration une partie en guise d'impôt. Ce rituel traduit une croyance ancestrale pratiquée par les Berbères depuis peut être l'assèchement de la savane devenue Sahara actuel dans le sud de l'Algérie (voir à la première période au Néolithique et ou à la seconde dès 3500 avant notre ère)[1].Toutefois, comme théorisé par Philippe Descola (2013) cette action rituelle est « une façon originale d'agir sur le monde par la représentation iconique ». Le film amazigh agit, en effet, sur le monde de la représentation *in visu* et *in situ* par l'évaluation et le transfert des images figurées du rapport des êtres humains à la nature[2].

---

[1] Joleaud 1933 : 197-282.

[2] La question problématique de la « relation de l'homme à la nature » revient dans les films de Naomi Kawase. Dans une interview accordée à *Le Polyester*, à la question : Est-ce que pour vous, filmer la nature importe autant que filmer vos acteurs », elle répond : - « J'ai envie d'apporter une attention particulière aux êtres qui n'ont pas le moyen de s'exprimer. Qui n'ont pas la parole, comme la

Dans le film *Imuhar*, on retrouve une fonction similaire avec le réalisateur Jacques Dubuisson. L'ensemble des éléments récurrents et nécessaires à la représentation de l'environnement touareg sont réunis : campement dans une vallée de sables et de reliefs montagneux, un puits à côté et un cours d'eau plus loin, pâturage et piste, etc. et également la musique touarègue. Spécialiste de la World Music, son musicien Philippe Eeidel en collaboration avec Abdellah Oumbadougou (un musicien et chef rebelle touareg), nous restitue dans ce film l'*imzad* (violon touareg) à la scène de la naissance et d'*ahidus* (dance) à la scène du mariage : deux genres musicaux touaregs.

Sous l'éclairage de ces multiples éléments constitutifs de l'iconographie berbère, le personnage de l'action cinématographique prend forme dans l'affirmation de soi comme sujet actif et dans sa relation aux autres et à son environnement. Dans ce triple rapport où se dessinent les caractéristiques du personnage (physiologique, psychologique et sociologique), la nature de l'action (drame, fable, intrigue) et une ethnographie des lieux où se déroule l'action, s'envisage un savoir dramaturgique. Ce savoir dont se ressource le cinéma berbère est à chercher sur son terrain ethno-dramatique, sur le lieu de vie de la communauté où toute action susceptible d'être rendue visible est au sein des espaces d'expression et de représentation des convenances locales (Galand-Pernet 1998).

Conclusions

À travers la notion du *Maître ignorant* rancièrien, nous avons pu, dans ce travail, découvrir l'enseignement égalitaire et inclusif pourvu par la convenance touarègue. Un tel enseignement est apparent à plusieurs scènes au fil de la quête initiatique du personnage de Khanan. Il y a lieu donc de dire que les intentions

---

nature qui pourtant a un message à faire passer ». (Bardot 2018). Le rapport de cette citation au film *Imuhar* c'est que Jacques Dubuisson a prêté un œil vigilant à l'environnement touareg. Le film nous restitue la cohabitation permanente des Touaregs avec leur espace, comme s'il fallait coopérer à chaque fois : patienter, observer, protéger des sources d'eau, faire usage des savoirs mythologique et astrologique que revêtent les lieux, etc.

du réalisateur correspondent à sa propre vision du partage du sensible. Une vision qui évolue dans un rapport d'échange d'égal à égal entre les personnages. Le film en tant que rite initiatique, implique le déploiement d'un savoir anthropologique touareg et nomade explicite par rapport aux attitudes et comportements. La technique cinématographique déployée, par la rapidité des changements de scènes et de plans, participe notamment d'une observation participante dans la réalisation du film *Imuhar*.

Le chapitre *Regard anthropologique* du film *Imuhar* traduit l'intérêt de l'imbrication des formes de représentations traditionnelles dans la consolidation de l'épreuve initiatique de Khanan, l'accomplissement de sa quête et la reconstruction identitaire propre au monde touareg. Au même titre que dans les réalisations de longs métrages d'expression kabyle cités plus haut, la démarche de reconstruction par les éléments culturels entreprise dans le film *Imuhar,* a pour but d'agir sur le caractère ethno-dramatique propice à l'exposition du fait cinématographique. Toutefois, comme concept opérant en ethnographie, « la quête initiatique » a une fonction introvertie des représentations *in visu et in situ* qui lui donnent les moyens scéniques et cinématographiques pour son accomplissement.

Par ailleurs, l'*approche holistique* élucide une démarche anthropologique et ethnographique dans le processus de réalisation de quelques longs métrages du cinéma amazigh (voir kabyle), qui consiste dans le film *Imuha*r à faire le lien entre l'expression identitaire du monde touareg, au travers de ses formes de représentations *in visu*, avec ses composants ethnographiques *in situ.* Dans une telle démarche, la réhabilitation des formes de représentations culturelles (ou artistiques) touarègues ne peut souffrir d'une vision exotique relevant d'un conte de fées ni d'une vision néocoloniale donnant à voir un monde en quête d'une civilisation tutrice. La quête initiatique de Khanan est en soi une quête identitaire à laquelle le réalisateur Jacques Dubuisson prête ses intentions conformément aux modes sociologiques et anthropologiques des personnes ramenées dans le champ de sa réalisation cinématographique. L'ensemble des rôles sont interprétés par les Touaregs, dans leur propre espace de vie, avec leurs équipements et accessoires et leur musique. Comme objet sensoriel par lequel s'opère le « partage du sensible » (Jacques Rancière, 2000) entre le réalisateur et son public, *Imuhar* peut être considéré comme un film relevant du cinéma amazigh, dès lors que les modes de perceptions sensoriels du public (touareg et amazigh) participent des intentions du réalisateur.

Références bibliographiques

Bardot, Nicolas. (2018). Entretien avec Naomi Kawase. *Le Polyester*, 21 novembre, URL : www.lepolyester.com/entretien-avec-naomi-kawase/

Boukala, Mouloud et Laplantine, François. (2006). Une certaine tendance des sciences sociales en France : le cinéma mésestimé. *Anthropologie et Sociétés*, 30 (2), pp. 87-105.

Bouzet, Ange-Dominique. (1997). « Imuhar », le film du producteur. Après transaction, Michel Propper a obtenu le droit au montage final. Imuhar, une légende. Une production de Michel Propper, filmée par Jacques Dubuisson, avec Ibrahim Paris, Mohamed Ixa, Mohamed Ichika, Rhali Ixa. Durée 1h22. *Libération* https://www.liberation.fr/culture/1997/11/05/imuhar-le-film-du-producteur-apres-transaction-michel-propper-a-obtenu-le-droit-au-montage-final-imu_221529/

Danel, Isabelle. (2017). Imuhar, une Légende. *Touareg du Niger, rencontres au fil du temps*, *Canalblog*, http://touaregsmirages.canalblog.com/archives/2017/11/30/35914821.html

De France, Claudine. (1989). *Cinéma et anthropologie*. Paris : MSH.

Descola, Philippe. (2013). *Anthropologie de la nature : transfigurations in situ et in visu*. Leçons inaugurales du Collège de France, n° 159. Paris : Collège de France. https://www.college-de-france.fr/site/philippe-descola/inaugural-lecture-2001-03-29.htm

Devaux Yahi, Frédérique. (2016). *De la naissance du cinéma kabyle au cinéma amazigh*. Paris : Harmattan.

Galand-Pernet, Paulette. (1998). *Littératures berbères, des voix, des lettres*. Paris : PUF.

Gauthier, Alain. (1996). *Du visible au visuel. Anthropologie du regard*. Paris : PUF.

Joleaud, Léonce. (1933). Gravures rupestres et rites de l'eau en Afrique du Nord. Rôle des Bovins, des Ovins et des caprins dans la magie berbère préhistorique et actuelle. *Journal des Africanistes,* 3 (1), pp. 197-282.

Nicklaus, Olivier. (1996). Imuhar, une légende. *Les Inrockuptibles*. https://www.lesinrocks.com/cinema/imuhar-une-legende-38524-30-11-1996/Palmiéri, Christine. (2002). Jacques Rancière : Le partage du sensible. *Revue d'art contemporain, ETC*, 59, pp. 34–40.

Rancière, Jacques. (1987). *Le maître ignorant. Cinq leçons sur l'émancipation intellectuelle*. Paris : Fayard.

Rancière, Jacques. (2000). *Le partage du sensible*. Paris : La fabrique éditions.

Rancière, Jacques. (2011a). *Aisthesis. Scènes du régime esthétique de l'art*. Paris : Galilée.

Rancière, Jacques. (2011 b). *Les écarts du cinéma*. Paris : La fabrique éditions.

Rancière, Jacques. (2004). *Malaise dans l'esthétique*. Paris : Galilée.

Tighilt, Kouceila. (2013). La colline oubliée. Un film né dans la douleur, *Liberté* (Algérie), 5 février.

Verdeau. Patricia. (2013). Entre le maître et l'élève. Étude sur *Le maître ignorant* de Jacques Rancière. *Le Télémaque*, 44 (2), pp. 49-60.

5

Les procédés de mise en scène filmique dans *Itto Titrit* de Mohammed Oumouloud Abbazi

Tijani Saadani

Le cinéma amazigh au Maroc s'est développé dans un contexte marqué par l'ostracisme et l'interdit qui ont frappé l'expression amazighe de manière générale. Cela signifie que depuis sa naissance dans les années 1990, avec la sortie des premiers films en DVD et en VCD, l'industrie du cinéma a dû faire face à de nombreux défis. *Boutfounast* (1992), du réalisateur Archach Agourram, est l'un des premiers films amazighs qui ont marqué cette décennie. Il est toutefois important de signaler que le premier film avec des dialogues en amazigh date de 1934. Il s'agit du film *Ittou* réalisé par Jean Benoît-Lévy et Marie Epstein en pleine période coloniale.

Avec la reconnaissance officielle de la langue amazighe en 2011, la jeune cinématographie amazighe va s'enrichir de productions filmiques qui ont connu un certain engouement. En effet, la décennie 2000 s'est distinguée par la réalisation de nombreux films amazighs. Les longs métrages *Imouran*, réalisé par Abdellah Dari et sorti en 2007, et *Tamazirt Ouflla,* de Mohamed Marnich et sorti en 2008, ont connu un grand succès.

Force est de constater qu'à l'instar du cinéma marocain en général, le cinéma amazigh puise sa substance dans la réalité sociale et se veut un miroir de la société, de ses malheurs et de ses aspirations. Outre le champ social qu'il a investi avec force, le cinéma amazigh a entrepris d'explorer d'autres terrains, à savoir le terrain douteux de l'histoire, qui constitue une dimension importante et une question cruciale lorsqu'on se penche sur les problématiques liées à l'amazighité. *Itto Titrit* de Mohamed Oumouloud Abbazi est l'un des rares films amazighs qui se proposent de mettre en récit cinématographique une partie de l'histoire contemporaine du Maroc, et plus particulièrement le quotidien d'un village marocain sous l'occupation française.

Itto Titrit, film sorti en 2008, tourne autour d'événements insurrectionnels contre les autorités coloniales françaises dans un village du Moyen Atlas et tire l'essentiel de son action principale de cette période mouvementée de la veille de l'indépendance du pays. Il est question de la mise en place de la résistance et de la désobéissance civile par les villageois pour se libérer du joug colonial. Cette réalisation audiovisuelle mobilise un ensemble de techniques et de ressources cinématographiques pour restituer un pan de l'histoire contemporaine. En même temps, le film aborde les problèmes de la condition féminine et de la langue amazighe. Quels sont donc les procédés de mise en scène dans ce film à vocation historique ? Comment fonctionne l'esthétique cinématographique dans cette production audiovisuelle ? Avec ses choix formels, dans quelle mesure le réalisateur a-t-il réussi à raconter la manière avec laquelle cet épisode colonial a été vécu par les Amazighs ?

Pour répondre à ces questions, nous envisageons dans un premier temps de mettre en évidence le lien entre les protagonistes du film et le cadre spatial dans lequel ils évoluent tout en mettant un accent particulier sur les techniques cinématographiques mises en œuvre pour mettre en place l'intrigue du film et la faire progresser. Dans un deuxième temps, nous aborderons la symbolique de certains motifs du décor tout en décryptant leurs significations. Enfin, nous analyserons certains éléments narratifs en dégageant leur fonction métaphorique.

La construction des espaces filmiques

Le primat de la dimension spatiale

Le film commence avec un plan général d'un paysage naturel exubérant balayé horizontalement par un panoramique de la caméra. Cette scène liminaire a pour but de faire découvrir les premiers personnages du film et explorer une partie du cadre spatial. On découvre deux groupes d'enfants : le premier est composé d'élèves d'une école coranique, notamment Ka'bous et ses amis proches, et le second est constitué d'un duo, Itto Titrit, l'héroïne du film, et Bassou, un garçon qui boude l'école et s'attire ainsi les moqueries du groupe rival. La suite de la scène est focalisée sur les deux protagonistes à l'aide du plan moyen et puis du gros plan qui permettent d'entrer dans l'intimité de leur conversation tournant autour des unions conjugales des parents et les obligations qui incombent aux conjoints. Cette scène est filmée en champ-contre-champ, technique qui est « la base de la narration ». (, Vallet, 2016, 124).

La même technique est adoptée dans la deuxième séquence : plan général sur les écoliers se dirigeant vers leur école, rejoints par Saïd, un médecin qui sillonne la région à vélo, et puis gros plan qui permet de se rapprocher davantage des protagonistes pour suivre leur conversation et connaître leur état d'esprit dans un contexte où les événements s'accélèrent. Saïd rapporte aux enfants l'actualité brulante des grandes villes et qui menace de déferler sur leur village[1].

On découvre d'autres personnages au village où Saïd vient d'arriver : le notable, Moha Ouzayd dont le rôle est principal dans l'histoire. Fils d'un grand résistant tombé dans le champ d'honneur pour la libération de sa patrie, ce personnage prestigieux ne se départit jamais des idéaux pour lesquels son père était mort. Refusant les offres alléchantes du commandant en chef des autorités françaises et incitant les villageois à la résistance, il se voit condamner aux travaux forcés pour ses activités anticoloniales.

Les prises de vue en contre-plongée montrent l'importance de ce personnage présenté comme un homme intrépide et valeureux. Le réalisateur fait usage de cette technique de manière très caractérisée lorsque Moha Ouzayd est sur le chemin du retour de la montagne où son cheptel est entretenu par son associé. Arrivé sur une crête, il domine du haut de son mulet un terrain vaste,

---

[1] Petty et Benbouazza (2019 : 54) parlent d'une scène « présentée en style proscénium ». Le style proscenium rappellerait l'arche d'une scène de théâtre, montrant l'influence de l'expérience théâtrale du réalisateur.

tout comme pour dire que ces contrées n'ont pas de secrets pour lui et qu'il en est le maître incontesté. La contre-plongée met en valeur sa stature et annonce le programme du film.

Le *fqih* est aussi l'une des figures les plus importantes du film. Sa maison est l'un des lieux les plus fréquentés vu les multiples rôles qu'il est amené à jouer dans un contexte extrêmement difficile : il enseigne des textes coraniques aux enfants du village, soigne les malades par ses talismans, écrit ou lit les lettres pour les villageois dont les proches sont partis pour l'Indochine, établis des transactions commerciales avec un juif, Samuel, et s'engage dans la lutte anticoloniale. Ses entretiens avec ses visiteurs et ses clients sont filmés en champ-contre-champ, technique qui permet de dévoiler les liens humains et fraternels qui règnent dans la communauté villageoise. Vu son statut associé au sacré, le *fqih* jouit d'une aura et d'un prestige considérables. Chaque échange autour de la lutte de l'indépendance se termine par un serment de servir la cause nationale avec dévouement et loyauté. Le plan fixe adopté par le cinéaste pour filmer ces actes d'engagement attribue un caractère solennel à ces cérémonies rituelles.[1]

Le commandant en chef des autorités françaises est un personnage omnipotent qui mène une politique répressive pour maintenir un ordre public fragile. Son quartier général incarne parfaitement le caractère brutal du pouvoir mis en place. Il négocie la paix avec les gens influents de la bourgade et inflige les sanctions les plus sévères aux contestataires de l'ordre colonial. Mais il n'arrive pas souvent à contrôler la situation. Le sabotage des lignes téléphoniques, les mouvements insurrectionnels des villageois et la contestation permanente de la présence française sont autant d'incidents qui dérangent ses plans.

---

[1] Il convient de noter que le personnage du *fqih* est opposé, dans son comportement vénal et violent envers ses élèves, à celui de Si Tahar, l'enseignant de religion qui explique à Bassou le sens des versets en arabe. [Note éditoriale].

Les jeux de la caméra mettent en relief ses moments de force, de faiblesse ou d'hésitation. Ses dialogues avec Moha Ouzayd, le résistant irréductible, illustrent l'importance des plans et des cadrages dans la mise en scène de ses états d'âme. Son face à face avec Moha Ouzayd et l'égalité qui marque leur rapport de force sont rendus avec des prises de vue de face et parfois avec une légère contre-plongée en faveur de Moha Ouzayd. Conscient de cette situation défavorable, le commandant, lors d'une deuxième entrevue, s'installe sur le bureau pour dominer son adversaire. À la fin, pour négocier la paix avec Moha Ouzayd, il se remet sur son siège pour donner l'impression que le rapport qui les unit est un rapport de confiance et de collaboration. Le commandant dévoile alors son intention de nommer Moha Ouzayd *qaïd*, agent d'autorité jouissant d'immenses prérogatives, de tout le Moyen Atlas.

Les espaces ouverts : l'insouciance et la dissidence

Les lieux sont des éléments importants dans la mise en scène filmique. Juste après le chant inaugural qui a accompagné le générique, le film s'ouvre, nous l'avons déjà précisé, par le moyen d'un panoramique qui permet de découvrir les enfants du village organisés en deux groupes au bord de la rivière. Le panoramique est utilisé dans une visée exploratrice de l'espace, mais aussi pour mettre en évidence la rivalité qui existe entre les deux groupes d'enfants. Cette opposition est rendue explicite par les propos moqueurs de Ka'bous qui s'avance vers Bassou et Itto Titrit. La profondeur du champ met l'accent sur un espace ouvert synonyme de liberté et d'insouciance qui caractérisent l'univers des enfants.

Après les deux premières séquences, la caméra abandonne les scènes de jeux d'enfants pour faire découvrir en plan général le village en arrière-plan. Cette construction cinématographique du village peut se justifier par le besoin de montrer l'éloignement de ce lieu perdu dans le Moyen Atlas. Le flou de l'arrière-plan de l'image confère au village une dimension mythique. C'est un lieu où s'imbriquent le réel et l'imaginaire et où l'histoire et la légende se mêlent.

On découvre, à mesure que l'intrigue narrative progresse, d'autres espaces où évoluent les personnages. La montagne demeure l'un des lieux emblématiques parce qu'elle est associée à la dissidence et à la révolte dans l'imaginaire collectif. Le plan général est privilégié par le réalisateur pour filmer les déplacements de Moha Ouzayd dans cet espace où la forêt domine l'horizon.

La montagne, dans *Itto Titrit*, n'est pas délestée de ses connotations se rapportant à l'insurrection et à la dissidence. Au contraire, Moha Zayd s'y rend pour mobiliser les habitants contre l'occupation française. Le plan général rend compte de l'immensité de cet espace. Cependant, le plan moyen est choisi pour rapporter l'échange entre Moha Ouzayd et Haddou en compagnie de son fils et qui porte sur l'organisation des actions hostiles à la présence française.

Les espaces fermés : clandestinité et répression

La maison du *fqih* est très fréquentée étant donné que ce personnage est connu pour ses activités intenses. C'est un lieu où il reçoit ses disciples, ses clients ou ses collaborateurs. C'est un espace clôt qui sert clandestinement à la promotion des idées nationalistes et au recrutement de nouveaux adeptes. Moha Ouzayd, qui, à son tour, va jouer un rôle décisif dans le soulèvement contre les autorités coloniales, fait partie des nombreux personnages qui se rendent chez le *fqih*. Le plan rapproché et le gros plan sont privilégiés pour rendre compte des états d'âme et des émotions qui accompagnent les dialogues. Les visages sont le plus souvent graves, ce qui met l'accent sur l'inquiétude des protagonistes. (**Fig. 1**)

Le quartier général des autorités françaises est aussi l'un des lieux fermés où les cadrages et les mouvements de la caméra sont révélateurs des enjeux de pouvoir et des rapports de force. La première scène qui s'offre au spectateur dans cet espace qui revendique sa singularité par son style architectural est celle des prisonniers assis à même le sol. Ces protagonistes en captivité sont filmés en plongée pour souligner leur infériorité et leur impuissance face à l'autorité coloniale.

Ce sont des choix signifiants dans la mesure où ils permettent de mettre en valeur certains détails, surtout le gros plan utilisé de manière fréquente pour souligner la souffrance qui s'imprime sur les corps des personnages. Le souci du détail qui anime le réalisateur se justifie par le besoin d'exploiter les ressources sémantiques de chaque partie physique et chaque objet. Siegfried Kracauer a révélé l'importance de cette technique :

> « C'est [...] un peintre – Fernand Léger - qui a judicieusement souligné le fait que seul le film dispose, avec le gros plan, du moyen technique de nous sensibiliser aux potentialités qui sommeillent dans un chapeau, une chaise, une main ou un pied. » Siegfried Kracauer, 2010, p. 85).

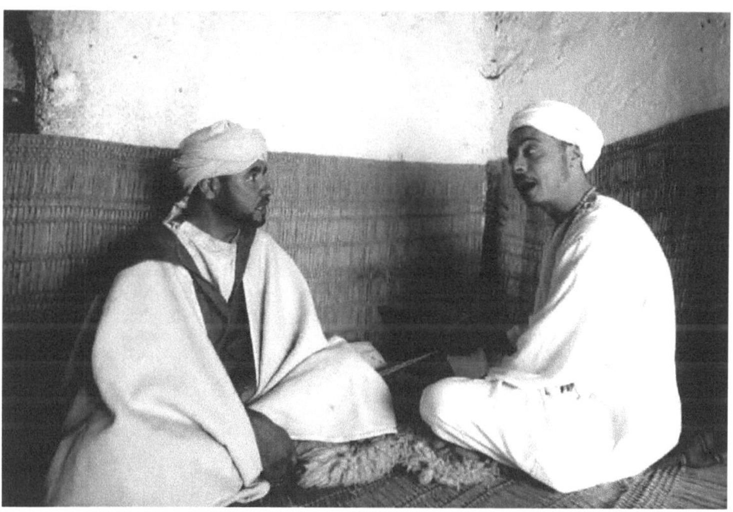

Fig. 1 : *Itto Titrit*, Moha Ouzayd chez le *fqih*

Les mêmes plans sont privilégiés dans le bureau du commandement des autorités coloniales. La légère contre-plongée utilisée lorsqu'il s'agit de braquer la caméra sur le commandant en chef vise à montrer sa supériorité. En contrepartie, son interlocuteur,

Moha Ouzayd, ne bénéficie que d'une prise de vue de face dans un cadre où le rapport de force n'est pas en sa faveur. Car, face à l'autorité écrasante du commandant en chef, le protagoniste devrait s'anéantir. Cette technique (la prise de vue de face) adoptée par le réalisateur montre que le notable du village a un poids considérable que lui confère son statut de résistant et de fils de résistant. Pour rétablir sa suprématie et mettre en évidence sa domination, le commandant en chef s'installe sur le bureau pour dominer son interlocuteur qui est désormais pris en légère contre-plongée avec le plan américain qui restitue toute l'intensité des expressions de son visage et son caractère inébranlable. **(Fig. 2)**

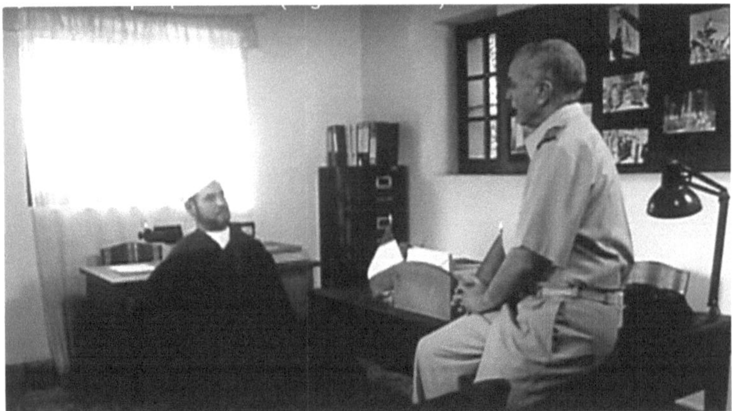

Fig. 2 : *Itto Titrit*, Moha Ouzayd dans le bureau du commandant en chef

En se rasseyant sur son siège, le commandant adopte une autre stratégie avec son interlocuteur : il opte pour la séduction en invitant ce dernier à inscrire son fils à l'école française pour lui assurer un avenir meilleur. Les éléments de la mise en scène établissent alors un rapport d'égalité entre les deux protagonistes en vue d'instaurer un climat de confiance.

L'ancrage de l'histoire dans le contexte historique et culturel

Le décor traditionnel

Itto Titrit est un film à vocation historique. Le réalisateur ambitionne de restituer un épisode de l'histoire moderne du

Maroc à travers la reconstruction de la vie communautaire du village sous l'occupation française. Le travail de mise en scène porte essentiellement sur l'élaboration d'un décor en parfaite adéquation avec le contexte historique auquel il se rapporte. Le style architectural des maisons qui sont en pierre sèche et en pisé a pour but de restituer ce décor ancien. L'exiguïté des rues, le manque de raffinement et le mode de vie rustique plongent le spectateur dans cet épisode de l'histoire.

L'intérieur des maisons renforce cette impression de retour en arrière et nous renvoie à une période passée. Malgré la rareté des scènes qui se déroulent à l'intérieur des maisons, les cas filmés, notamment la maison de Moha Ouzayd, illustrent clairement la tendance de l'époque. Les meubles sont produits localement : ce sont des tapis aux motifs reconnaissables et renvoient à une aire géographique et culturelle précise, à savoir le Moyen Atlas. L'accent est mis sur le style et le goût de l'époque : couleurs vives dominées par la couleur rouge, motifs rappelant les tatouages qui ornent le front, le menton ou le dos de la main des femmes et qui expriment l'appartenance culturelle amazighe. **(Fig. 3)**

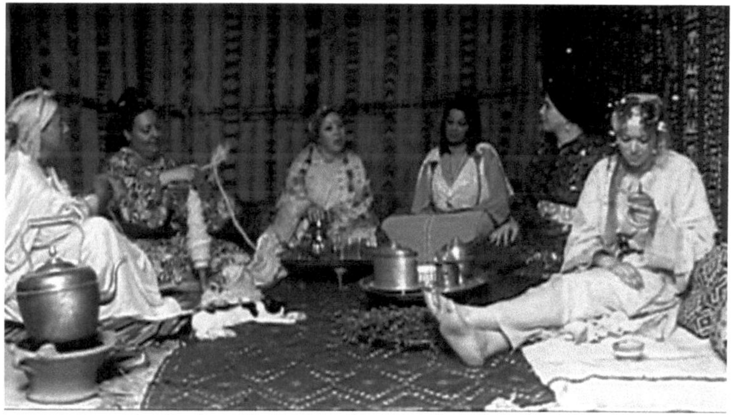

Fig. 3 : *Itto Titrit*, Les femmes dans leur intérieur

Il y a une harmonie entre les personnages et le décor qui se traduit par les représentations et le mode de vie des villageois. On constate que les femmes ont plus d'affinité avec le décor parce que ce sont elles qui produisent ses composants et mettent en place une organisation spatiale typique de la communauté amazighe du Moyen Atlas. Dans l'espace réservé aux femmes, une sorte de cour intérieure, plusieurs activités en rapport avec le tissage sont effectuées au quotidien : il y a toujours un métier à tisser qui est installé car le tissage était l'une des activités principales effectuées par les femmes.

En ce qui concerne le décor et les éléments qui le constituent, un système autarcique est mis en place : tout est produit sur place, à l'exception de certains objets comme les tissus qui proviennent de l'extérieur, ceux rapportés, par exemple, par Halima de Fès, à savoir des tissus pour la confection des robes et des caftans. L'acheminement de ces produits est aussi un moyen de mettre le village en contact avec le monde extérieur et permettre aux villageois d'être au courant de ce qui se passe sur la scène nationale. La situation économique et sociale, la division sexuelle du travail et autres caractéristiques sont des éléments révélateurs d'une communauté fermée sur elle-même et cantonnée dans un espace géographique lointain.

Les motifs relatifs au nationalisme marocain

La dramaturgie du film repose sur le déroulement de l'intrigue. L'un des éléments sur lesquels repose la progression de l'action principale est le symbole du nationalisme marocain, à savoir le drapeau qui circule clandestinement grâce à de nombreux stratagèmes permettant d'éviter les persécutions des autorités coloniales. Il est brandi avec ostentation lors des manifestations qui réclament le départ des colons. Ce symbole est surchargé de connotations patriotiques qui lui confèrent sa valeur.

Le *fqih* se charge de faire parvenir les drapeaux aux villageois. Après avoir fait le serment de rester fidèle à la cause nationale, Moha Ouzaid reçoit de ce dernier un grand nombre de drapeaux et de photos du sultan et de leaders nationalistes. Ces motifs sont censés attiser la ferveur nationaliste des villageois et les mobiliser contre l'occupation coloniale.

Moha Ouzayd charge Qayda, un personnage caractérisé par le mutisme et la surdité et dont le mari est un soldat parti en Indochine, de faire parvenir les drapeaux à l'épicier du village, qui, à son tour les envoie aux activistes pour les déployer pendant les manifestations. Le village fait écho donc aux événements qui secouent les grandes villes pour réclamer le départ des Français. Les motifs du nationalisme marocain sont considérés comme des éléments fédérateurs autour d'un même idéal national.

Avec cette vision historique adoptée par le réalisateur, le village du Moyen Atlas devient une simple boîte à résonnance des villes. Dès la scène liminaire du film, l'action est inscrite dans le contexte national. Said, le guérisseur, recommande aux écoliers de rentrer chez eux en les mettant au courant des bouleversements en cours dans les grandes villes et qui ne tardent pas, selon lui, à se produire dans le village. Il annonce par là le programme du film axé essentiellement sur l'insurrection des villageois contre l'occupation française. Le réalisateur n'a fait que projeter un schéma préétabli sur un terrain qui a connu une évolution bien différente de celle des villes. On n'est pas sans savoir que tout le Moyen Atlas était le fief de la résistance armée et que les manifestations ne font pas partie des modes d'action des tribus amazighes. Les habitants de ces régions indépendantes par rapport au pouvoir central ont pris les armes pour s'affranchir du joug colonial français. Les manifestations de protestation que le réalisateur leur attribue étaient l'apanage des centres urbains. Le choix d'un village comme cadre spatial de l'intrigue filmique est motivé par le souci de trouver des similitudes avec le contexte urbain afin de légitimer cette projection car, dans le Moyen Atlas, c'est la ruralité qui domine avec ses spécificités, à savoir, son mode d'organisation, d'action, en plus de la dispersion des habitations et de l'immensité de l'espace...

Dans le film, le drapeau et les portraits des leaders du nationalisme marocain qui s'est développé dans les centres urbains sont considérés comme un vecteur de la résistance et de la contestation. Par contre, les chefs de la résistance armée tels que Abdelkrim El Khattabi, Moha Ouhmmou Zayani, Assou Oubaslam ne sont pas évoqués dans le film car officiellement ils ne sont pas reconnus en tant que tels. Ce tour de passe-passe est motivé par l'obligation de s'aligner sur l'idéologie officielle qui renie la résistance armée amazighe et ne reconnait que la lutte anticoloniale préconisée par les nationalistes, à savoir les manifestations, les pétitions, etc. En déformant l'histoire, ce film véhicule des contenus en contradiction avec la vision du mouvement amazigh au Maroc qui a dénoncé à maintes reprises les manipulations de l'histoire à des fins politiques et idéologiques.

L'introduction des objets de la modernité : la conquête sociale

Le film intègre des objets qui renvoient clairement à la modernité occidentale. La voiture de Samuel, le juif marocain qui vit en bonne intelligence avec ses concitoyens de confession musulmane, est un exemple de cette modernité envahissante. En plus du confort qu'il procure, ce véhicule connote un prestige social étant donné que seuls les riches peuvent se l'approprier à l'époque. L'introduction de ce véhicule apporte des changements notables à l'organisation sociale et au mode de vie villageois. **(Fig. 4)**

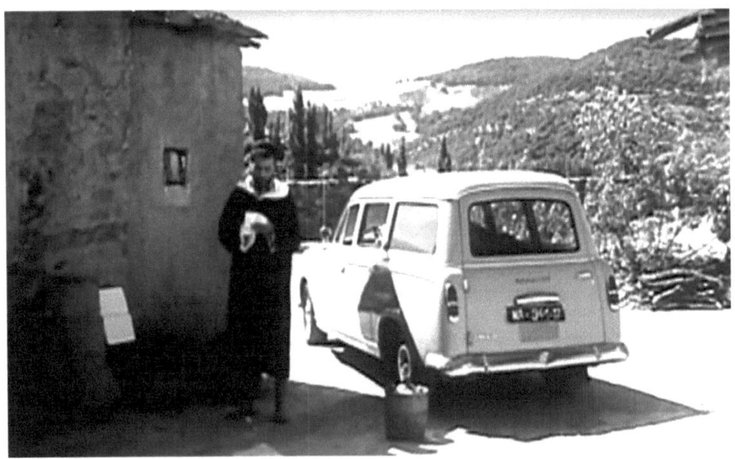

Fig. 4 : *Itto Titrit*, Samuel et sa Renault 4

La radio, très prisée par les villageois, occupe une place prépondérante. C'est un moyen qui permet de suivre l'évolution de l'actualité brûlante au niveau national et international. Cet instrument permet d'établir un rapport entre le colonisateur et le colonisé. En acceptant ce produit de la technologie occidentale, ce dernier signe un pacte avec l'oppresseur et accepte un rapport de dépendance par rapport à lui.

La bicyclette demeure aussi l'un des objets de la modernité apportés par l'occupation française. Le guérisseur s'en sert dans ses déplacements de village en village. Plus pratique et plus rapide que les moyens de locomotion traditionnels, à savoir les bêtes, la bicyclette est susceptible de changer le mode vie des gens. Elle incarne le modèle introduit par le colonialisme.

Les manifestations de cette modernité sont multiples et entraînent des changements affectant tous les aspects de la vie sociale. L'aspect vestimentaire n'en demeure moins l'un des éléments touchés par ces changements. Le cas le plus remarquable est celui du *fqih*. Désigné instituteur, il troque sa djellaba et son burnous contre un costume flambant neuf pour se conformer aux normes de son nouveau statut. Cette transformation subie par un homme religieux censé veiller à la sauvegarde de la tradition, amorce le processus irréversible de la modernisation.

Le contexte est évolutif. Il s'agit d'un tournant dans l'histoire du village où de profondes transformations sont en cours. Le film a l'ambition de capter une réalité changeante et versatile. La reconstruction filmique de cette réalité n'est pas une tâche aisée.

> « La réalité peut être articulée, reproduite. Le monde extérieur possède une grammaire que nous sommes en mesure de décrire et d'utiliser afin d'inventer un univers entièrement artificiel, dans lequel peuvent être ajoutées des expériences absolument neuves, même si elles n'ont lieu qu'au sein de cette réalité contrôlée que nous nommons l'image utopique. Le problème n'est pourtant pas vraiment de décider si nous sommes, ou non,

> capables d'inventer un monde qui remplacerait l'intégralité du monde sensible, mais de découvrir à quels autres mondes mécaniques la vision utopique donnera accès. » (Ruiz, 1995, p. 38).

Pour le réalisateur, le souci du détail est manifeste pour donner l'illusion du réel et reconstruire l'image historique de la veille de l'indépendance. Mais le souci de se conformer à l'idéologie officielle passe avant l'objectivité historique. Le réalisateur opte pour une démarche sélective pour inscrire son film dans une logique politiquement « correcte ».

Le cheminement métaphorique de certains éléments narratifs et descriptifs : le gourbi en chantier et un pays en construction

Itto Titrit et Bassou ont l'habitude de se rendre dans un gourbi construit avec du roseau et de la paille pour leurs activités ludiques. Itto se plaint de l'état misérable de ce gourbi qui manque de « couleurs » et de vie. Cependant, c'est dans ce gourbi qu'Itto, aidée par Bassou, apprend à écrire et à lire. Ce lieu abrite leurs rêves de jeunes enfants et leur permet de renforcer leurs liens. C'est aussi un lieu où ils développent leurs idées patriotiques. Après avoir découvert les drapeaux et les photos du sultan exilé dans la maison paternelle, Bassou les a éparpillés sur le sol du gourbi tout en répétant : « cela ressemble à la fête du trône », « cela ressemble à la fête du roi ». Objet de fierté et signe de prise de conscience politique, ces motifs sont brandis lors des manifestations des villageois auxquelles Bassou s'associe à ses risques et périls.

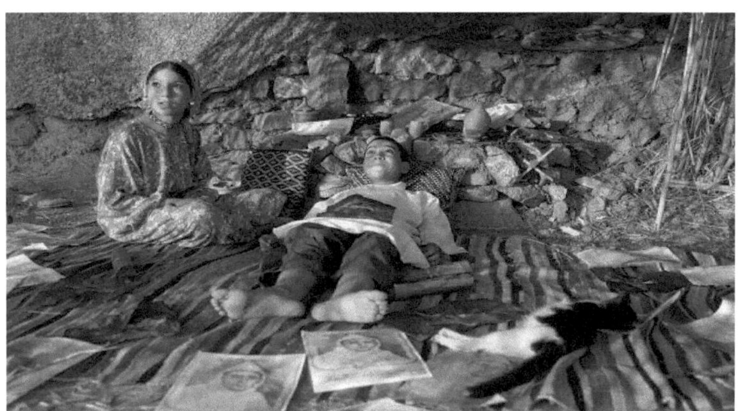

Fig. 5 : *Itto Titrit*, Bassou et Itto sous le gourbi

Après avoir éparpillé les drapeaux et les photos du roi sur le sol, Bassou et Itto Titrit rêvent ensemble du retour du sultan et de la libération du pays. Cette scène met l'accent sur le rêve des enfants qui est aussi le rêve de tous les Marocains à la veille de l'indépendance.

Les deux protagonistes, se distinguant par leur spontanéité et leur jeunesse, incarnent l'avenir du pays qui cherche son indépendance et ses repères pour se remettre sur pied. L'état du gourbi qui est encore en chantier renvoie à la situation du Maroc qui tente de se construire et de se développer. Le roseau, le matériau fragile utilisé pour construire la hutte, est, à notre avis, la métaphore d'un pays qui est encore sans fondements solides.

La métaphorisation de ces éléments narratifs et descriptifs est un procédé de déplacement et d'extension de la signification. Elle confère une force suggestive aux contenus dramaturgiques du film et pousse le spectateur à réfléchir sur la symbolique de chaque élément narratif ou descriptif.

Le viol et l'avortement d'un rêve

Itto Titrit, jeune fille promise à Bassou, est la figure angélique et sage qui a l'ambition d'apprendre et de s'instruire et pousse son jeune prétendant à aller au *Msid* pour l'aider à concrétiser son rêve, car l'accès au *Msid* est strictement réservé aux garçons. Mariée de force à un retraité de l'Indochine, elle est violée pendant la nuit de noces et meurt. Cette scène qui narrativise l'arrivée du violeur est filmée en plongée pour souligner l'écrasement de la victime et son anéantissement par son agresseur.

Attachée au lit avant l'arrivée de son bourreau, Itto semble déjà inerte. Elle est livrée par les siens comme à un monstre qui l'écrase. La plongée de la caméra renforce l'état d'impuissance du personnage, sans défense et sans protection. « La plongée rabaisse les personnages, les enfonce, les rend plus petits, comme écrasés par la vie ou les événements. » (Vallet, 2016, p.75.)

Arborant sa moustache, symbole de virilité, le soldat retraité ayant fait ses preuves en Indochine fait irruption dans la chambre nuptiale après le départ des femmes. Son turban et son treillis dont il ne se sépare jamais soulignent sa brutalité et sa cruauté ainsi que la monstruosité de son acte.

Ce viol prémédité et perpétré à l'aide de la complicité de la famille de la victime, commis par un homme du pays mais soldat de l'armée française, peut être interprété comme l'occupation du pays par la violence. La mort d'Itto, qui a porté le rêve de la libération de son pays, souligne l'échec de la lutte anticoloniale et l'impasse historique où se trouve un pays pris en otage par un pouvoir oppresseur. Il s'agit ici de la dimension sociale que le film met en évidence. La filmographie marocaine de manière générale donne une grande importance à la dimension sociale et fait partie, de ce fait, du cinéma miroir qui reflète la réalité. « Le cinéma miroir/reflet doit s'entendre dans le sens où il éclaire jusqu'à une certaine mesure notre société. » (Bakrim, 2018).

Conclusion

Le film *Itto Titrit* de Mohammed Oumouloud Abbazi est un film à vocation historique dont l'action principale se déroule dans un village du Moyen Atlas à la veille de l'indépendance du Maroc. Cette production audiovisuelle a pour but de restituer une période mouvementée de l'histoire marocaine à l'aide d'un travail de reconstruction cinématographique.

Le travail d'analyse porté sur cette entreprise filmique s'articule autour de l'analyse de ses composantes iconiques, ses structures narratives et les procédés de mise en scène adoptés, à savoir les approches esthétiques du réalisateur qui sont d'un apport considérable dans l'élaboration du film : les personnages, les lieux, le décor et les objets qui ont une valeur symbolique dans un contexte marqué par la colonisation française.

Sur le plan esthétique, le film a recours à des cadrages (champ et hors champ, contre-champ, plongée, contre-plongée…), des plans, des mouvements de la caméra tels que le traveling et le panoramique pour arriver à une dramaturgie filmique élaborée qui rend compte des rapports de force, de domination ou de collaboration qui existent entre les différents protagonistes.

Le décor et les costumes jouent aussi un rôle prépondérant dans la mise en scène filmique. Le décor et les vêtements traditionnels renvoient à la réalité socioculturelle du village. L'architecture moderne (le quartier général), la voiture de Samuel, le commerçant juif, et la bicyclette de Saïd, le médecin, sont évocateurs d'une modernité envahissante qui s'installe progressivement dans le village. Le film est traversé ainsi par un système dichotomique : traditionnel/moderne, colonisateur/colonisé, espace clôt/espace ouvert, plan serré/plan large, champ/hors champ… etc. Ce choix, éminemment esthétique, engendre une tension permanente dans l'histoire filmique, ce qui sollicite en permanence l'attention et l'adhésion du spectateur.

Références bibliographiques

Bakrim, Mohammed. (2018). *Le miroir et l'écho Cinéma et société au Maroc*. Rabat : Imprimerie Bidaoui.

Kracauer, Siegfried. (2010). *Théorie du film. La rédemption de la réalité matérielle*. Paris : Flammarion.

Petty, Sheila et Benbouazza, Brahim. (2019). Trans-Indigenous Aesthetics and Practices in Moroccan Amazigh Film and Video. *Expressions maghrébines,* 18 (1), pp. 47-62.

Ruiz, Raoul. (1995). *Poétique du cinéma*. Paris : Editions Dis Voir.

Vallet, Yannick. (2016). *La grammaire du cinéma. De l'écriture au montage : les techniques du langage filmé*. Paris : Armand Colin.

6

Film settings as Ideoscapes. The Amazigh Moroccan film in the Souss as a case study

Ali Oublal

Amazigh filmmakers have capitalized on the background image of their films to construct and to unveil the cultural mosaic of the Moroccan Amazigh community in the Souss region.[1] This study is an attempt to determine the importance of geographical space settings in transmitting hidden aspects and discourses about the culture and home society narrated in films (Appleton 1975, Rhodes and Gorfinkel 2011, Hones 2011, McHugh 2005). Film settings are understood in this analysis as 'ideoscapes' disseminating the ideologies and ideas that filmmakers intend to voice for the viewers regardless of the verbal language employed. Appadurai (1996) introduced the sociological term 'ideoscapes' to represent one of the five dimensions of global economy. The term also refers to the

> "[Ideoscapes are also] concatenations of images, but they are often directly political and frequently have to do with the ideologies of states and the counterideologies of movements explicitly oriented to capturing state power or a piece of it. These ideoscapes are composed of elements of the Enlightenment worldview, which consists of a chain of ideas, terms, and images, including *freedom*, *welfare*,

---

[1] The Amazigh language is spoken in North Africa. The speakers of the language are called Imazighen (plural). The Moroccan Amazigh community is located in three large areas: the Souss in the South, the Rif in the North and the Atlas in the middle of the country. Despite the differences they do have, such groups have many similarities at different levels. As to the communities in the rural areas, they have remained largely isolated from the outer world in terms of intangible and tangible legacy.

> *rights*, *sovereignty*, *representation*, and the master term *democracy*" (Appadurai, 1996: 36)

'Ideoscapes', along with other dimensions such as ethnoscapes, technoscapes, mediascapes, and financescapes, have come forward as a result of the unprecedented alterations brought about by cultural globalization. This paper is concerned with the global flow of ideas and ideologies and with Appadurai's take that mediascapes and ideoscapes are closely related to landscapes of images (1996:35). I consider filmmakers as key contributors in transmitting ideologies through the exploitation of film settings and I have chosen three films to analyze settings as ideoscapes: *Touf Tanirt* ('More beautiful than light') and *Sat tadanguiwine n Imouran* ('The seven waves of Imouran') by Abdullah Dari, and *Tabrat* ('Letter') by Ait Ali Bouzid.

Another aspect that I consider is the audio-visual conservation of cultural heritage. The tides of change that have been brought about by globalization are inescapable in Moroccan rural life as elsewhere. Such intrusive force has widely affected the planet and notably the rural areas[1]. Due to globalization, important shifts are still occurring in the structures of many societies, be they urban or rural. Lifestyle, economy, agriculture, communication modes, values and social agendas of communities are impacted, no matter how desirable or undesirable the changes are. All these alterations have affected the indigenous cultures, knowledges and social infrastructures largely "invaded" by Western film imagery thanks to the latter's communication facilities and technologies. Globalization is a phenomenon of transaction and cooperation in which also ideas, ideals, values and social practices are formed. The local residents are aware of the cultural risks linked to the necessity for them to match globalization and modernization and wonder what the consequences for their cultural, social and historical identity are. This brings us to the experience of Agadirwood and Amazighwood (the terms were coined by Daniela Merolla) and to filmmaking as

---

[1] Voir les documentaires d'Ivan Boccara, mentionnés dans l'Entretien à la fin de ce volume. [Note éditoriale].

an instrument for presenting and preserving local heritage. Amazighwood (Merolla 2018, 2019) refers to the video productions in the Amazigh language that began in the course of the 1990s and that have proliferated since the 2000s, while 'Agadirwood' refers to the Amazigh videos specifically produced in the city of Agadir and its surroundings. In more theoretical terms, Merolla (2019) refers to "Amazighwood" as:

> « l'expression d'une culture populaire dans le contexte de la « postcolonie ». [Les groupes amazighs] fragilisés économiquement, marginalisés politiquement et culturellement, [...] connaissent toutefois le matérialisme et le consumérisme globalisants et aspirent aux modèles de vie des couches sociales aisées, locales et transnationales, ce qui est exprimé dans les films vidéo conjointement avec un sentiment de nostalgie et de distance vis-à-vis du monde rural. » « Les films vidéo en amazigh contribuent à exprimer les expériences et le monde culturel de leurs audiences, et structurent un sentiment identitaire spécifique mais dynamique ».

This study examines the way in which some Moroccan Amazigh filmmakers use their films to create an archive of their social heritage, tangible and intangible, in the face of such a globalised world. Specifically, this paper aims to unveil the buildings and monuments that have been preserved as cultural legacy through the settings of the above-mentioned films: 'More beautiful than light, 'Letter' and 'The seven waves of Imouran'. By building on my previous works and reflections (Oublal 2014 and 2016) and through this research, I hope to contribute to the study of Amazigh cinema that is still at its beginning.

Context

Amazigh film and cinema culture started to be developed and diffused among Amazigh communities in Morocco since 1992. Before then, colonial films and national films in Arabic had dominated the scene. In the initial period, Amazigh films were accessible to people working in the field of cinema and television in Morocco and to migrant communities in Europe. After 2000,

Amazigh films began to blossom not only in terms of quantity but also in terms of quality compared to earlier productions. While many Amazigh films are of the commercial kind, ‘The seven waves of Imouran’, ‘The golden woman’, ‘More beautiful than light’ and ‘Letter’ were pioneers of a new research into Amazigh identity and culture. In dealing with the Amazigh cultural repertoire, their multi-sided approach to identity puts them at the top of the Moroccan Amazigh filmic production. These films maintain and construct cultural identity, even though it is a challenging job in this globalized world, as confirmed by Basu (2004). In this vein, filmmakers like Lahocin Bizguarn, Abdullah Dari and Mohamed Mernich exploited the influence of the cultural mosaic of their rural towns of origin while writing the screenplays and shooting their films. These filmmakers have portrayed the rural life, as a backdrop to the struggles against life, marginalization, and the purposeful exclusion of its inhabitants from their rights. Only a limited number of Amazigh films explicitly hinted at political issues – the best example being the film *Tazit* (Sword) by Abdullah Chakeri – although most rural films touched upon socially engaged themes.

Amazigh film settings as ideoscapes : film analysis.

The areas most impacted by globalization are the rural ones. Their social and cultural characteristics are indeed threatened to be lost and to fade away in the absence of a conscious intervenetion of sociologists and artists without putting aside the paramount role of politicians themselves. In such an emergency, the priority for the artists is to create a heritage archive through the new means of communication. Cinema enjoys a great advantage that makes it a suitable means to this end. In the film analysis, discussing film settings as ideoscapes, I therefore highlight the corpus of practices, including economy, politics, shared mental lives, which are found to be the core elements that constitute the collective life of people. (Lemret 2012).

1. Touf Tanirt (Name of a woman character, meaning 'more beautiful than light'), Abdullah Dari, Faouzi-Vision, 2005.

Social and cultural practices

As a case in point, *Touf Tanirt* allows viewers, locals and foreigners, to exercise their sociological imagination. The maker of the film has made this easily accessible by employing different settings.[1] Parts of the settings are real-life locations still used by the residents, while others are fictional representations nonetheless based on historical archives of the Amazigh community. Abdullah Dari has made a forceful film appealing to sociological, historical and cultural research. The following analysis portrays the sort of rural sociological documentation Abdullah Dari has brought into existence.

The director Abdullah Dari shaped his filmic community (in Tata and Kleat Mgouna, the areas where the film was shot) as having similar traits despite their being geographically distant. Through the relationship between the leader of the peasant community, Amghar, and his messenger, Ounamir, the film illustrates that rural society is characterized by a bedrock of constitutive traits, and that social practices reflect a deeply community-focused social personality. The authority of the *amghar* (a political leader and representative of local powers in Amazigh tribes and towns) over the farmers of the whole community and the conversation between some of the villagers about whose turn it is to irrigate one's agricultural fields are detailed representation of the way of life in a peasant society. The latter custom, also called *tiwizi* (mutual aid or common work)[2] embodies the sense of interdependence and of solidarity, which some refer to as a form of 'family pride'. Along with social practices, Dari also carefully filmed Amazigh rituals and traditional dance (*ahwach*).

---

[1] *Touf Tanirt* is a compound noun. It is composed of two words to indicate a proper name. 'Touf 'means 'it is better' and 'tanirt' means 'light'. It is the name given to the female protagonist of Dari's film.

[2] It is people's turn in being engaged in collective work; it implies a sense of solidarity.

Since the distant past, solidarity regulates the social relations between the members of Amazigh communities and shapes the peasant societies. As a traditional institution, solidarity is mainly depended upon during the sowing and harvesting seasons. *Tiwizi*, as an intellectual property of the Imazighen, is a civilized act of solidarity, which characterizes the social networks between people within a community. It is a significant practice through which the inhabitants, be they individuals or groups, build houses, mosques, castles, cultivate land and do artisanal works as well. Such practice benefits the individual and the group. Just as in farming, *Tiwizi* is also beneficial to the community during local ceremonies (marriages, birth celebrations, etc.).

The filmmaker addressed the sense of solidarity of the Imazighen through the commitment of each family in providing food to the religious man (*fqih*) every day. By recalling their history of taking turns in supporting their *fqih* as one of the conventions of the Amazigh community, the film poses itself as an archival medium that fosters the understanding of rural social life and engages the audiences in understanding the religious awareness of the Imazighen. Making heritage accessible, the film becomes a tool of representation for letting the subaltern speak (Spivak, 1988).

Another aspect to be considered is the following. The new innovation systems of farming have begun to sweep into the rural communities. In order to better social and economic conditions, many farmers have started to adopt new technologies and machines to farm their land, and new volunteer organizations and cooperative enterprises have appeared in the agricultural reality of rural areas. Though the film was shot recently and one could expect it to include some of these changes, Abdullah Dari wanted his film as a portrayal of a traditional rural community tightly based on the natural resource-based economy, living on its land without expectation of external aid and state support. The main reason why Dari chose rural settings as the main location to shoot his films was to convey the deep-rooted identity of the rural social realities of the Imazighen. His choice seems to echo Robert Redfield's 'The little community' (1960) and the idea that the major attributes of rural communities are: being of small size, isolated, socially homogeneous, with face-to-face relationships and a natural, resource-based economy; to such traits one can add the centrality of kinship as well. The film by Abdullah Dari pictures the Imazighen of the areas where the film was shot, Tata and Kleat Mgouna, as a folk society whose members act as belonging to one family, which upholds the social homogeneity of this Amazigh community. Such an approach, irrespective of the changes taking place at all levels, seems to be confirmed by the fact that the film director did not choose the urban settings for his film. By depicting a folk society, Dari advocates not only the economic self-sufficiency of the Amazigh community but also its social and relational autonomy. The film deals with the archival memory of the Amazigh rural society, which today is in a state of emergency due to modernization and the risk of losing one's social and cultural legacy. As such, the film provides material for rural sociologists, anthropologists and film critics as well. In time, such studies may result in the improvement of the Amazigh film production.

Locality

The film records Amazigh localities that are able to keep the 'purity' of the places. Abdullah Dari recalls the history of Tata filming the places that Tataians have inhabited so far.[1] The scenes in the southern region of Tata, more exactly from Tagmout n Yacob to Errachidia, were recorded in natural light and on location. Abdullah Dari did not resort to artificial décor at the level of space.

Dari's film came into existence as a response to his desire of safeguarding a part of the tangible heritage. It documented the old buildings in Tata, drawing public attention on their historical and political importance. The basic form of their architecture gives a clear sense of buildings orientated towards the defence of the community from foreign attacks: fortified granary citadels or

---

[1] Also the clothes worn by the actors underline the fidelity to historical styles of the Tataians.

collective granaries (sing. *agadir* ; plur. *igoudar*). In addition, these citadels were designed to protect their inhabitants from internal assaults as well. Tribes in precolonial times strove to protect their world from the attacks of neighbouring clans. The 'Igoudar' – which in the Amazigh language of the Souss indicate traditional fortified places carved into rock and artistically shaped – were well positioned for multiple uses. They were advantageous places to keep and safeguard all kinds of property including crops, jewellery, and much more. The filmmaker was able to provide documentary-like images that make his film a visual archive of tangible heritage. The traditional buildings and archaic architecture create suspense for the viewers, keen both to know how the movie ends and to explore the filmed sights. This argues for the fact that the filmmaker uses the camera illustratively.

Additionally, *Touf Tanirt* is a film punctuated with scenes shot in imaginary settings. Such is the case of the cave in which the major characters of the film, Ounamir and Tanirt, live their love. The cave was not depicted just as a physical place, but rather more as a space of intimacy shared by Ounamir and Tanirt. Historically speaking, the cave in Dari's film was an intimate place also for the rural inhabitants of the region. It similarly served the indigenous inhabitants when wars broke out. Abdullah Dari's cave was solidly built using rocks and stones, and its physical form parallels the character of Tanirt who is presented as an inflexible and rigid lover throughout the film. It sounds as if the director of the film wanted to address the physical environment as a factor influencing the inhabitant's upbringing. Filming one of the most widely known caves in Morocco, Kourran Cave in Errachidia, *Touf Tanirt* contributes to preserving it as tangible heritage not only for national memory but for global society as well. The cave, that dates to the pre-Islamic period, was intentionally filmed as a witness of the antiquity of the Imazighen in Morocco and of their indigenousness. The director engaged his audiences in interacting with the archaeological richness of Amazigh community in Morocco.

In summary, *Touf Tanirt* helps to show the social and historical identity of the Moroccan Amazigh community. *Touf Tanirt* and 'The seven waves of Imouran' indisputably revealed Abdullah Dari to be a sociologist-filmmaker. *Touf Tanirt* was shaped by Dari's social commitment to Amazigh rurality in Morocco, and the filmmaker thus paved the way for other filmmakers to construct and affirm Amazigh cultural identity.

2. *Tabrat* (Letter), Ait Ali Bouzid, Production Tamatart Vision, 2008

Social and Cultural practices

The film *Tabrat*, directed by Ait Ali Bouzid, offers the viewers an insight into the social contacts that Amazigh peasants still maintain. This is best illustrated by the film's *générique* sequence, in which anonymous hands deliver and receive a letter. Through such images, the film director suggests that though individuals may be distant they are still connected. The anonymity of the hands might also imply that the sender is unknown to the inhabitants of the town of *Affa*, which is the main film location. The term *affa* is used in the Amazigh language, namely in the Souss, to indicate the peak of the mountains. Such a high location is used to control foreigners seeking to cross the borders.

Human connection and interactivity is similarly illustrated by the *ahwach* dance, beautifully depicted in this movie. *Tabrat* fascinatingly emphasises the cultural uniqueness of the people of Affa through their traditional dance known as *ahwach*. Similarly, a male voice raised in a loud tone welcomes a newcomer from France (Mogha)[1] in the form of a lively song, *tamssusst*, whose lyrics draw attention to the warm welcome with which the inhabitants of Affa give hospitality to their guests. On Mogha's

---

[1] Mogha is a metaphoric name used in Moroccan society for the man who comes from France seeking labour force for France. He usually recruits young men who want to work in France.

arrival, the film sequences show that the inhabitants of the region want to sell their properties and leave for France due to their harsh living conditions. In contrast to this scene, through the *ahwach* dance, the film allows viewers from all over the world to experience the joy of the Affians.[1] The use of this local dance suggests, first and foremost, human connection, since it is performed not only at ceremonies and weddings, that form the main theme of the film. but also during national and political events. It can express either joy or utter despair. In the film the *ahwach* dance is performed by men of different ages in a circle, which implies in itself the closeness and harmony of rural society. The fact that the performers are separated at the end of the dance is intentional and conveys the message of the entire film. It is also possible to examine this local dance, and how the Affians are attached to it, through the poetic language that some of the actors speak throughout the movie. The socializing role of the *ahwach* dance, as an institution, is strengthened by the fact that the members of the local dance group teach the attendees through practice patterns that take many forms, including clothing, behaving, and other mores.[2] The poets, *indamn* (sing. *andam*), are implicitly everyone's teachers through artistic forms such as *tandamt* (improvised poetry and poetic contest), *tazrart* (poetic elevation of the voices that accompany the percussion), and *tamssusst* (the last stanza of the poetic contest).[3] In some Amazigh communities, women and girls enjoy their right to intervene in the *tandamt*, expressing their opinion about the

---

[1] Affians are the people who reside on the peak of the mountain and their name derives from *Affa*.

[2] *Ahwach* is a Moroccan Amazigh traditional dance of the South of Morocco. It is usually performed by men during local events such as ceremonies, festivals, weddings, engagement parties and the like. *Ahwach* is also exploited as an occasion at which local and national issues are discussed using poetry. In some other regions in the South of Morocco, such as Taroudant, people prefer to use the word *tahwacht* instead of *ahwach*. The latter is a masculine word and the former is feminine. *Ahwach* is usually performed by men while women remain watchers and listeners.

[3] In the Amazigh of the Souss, *tamssusst* is the last stanza of a poem with which poets (*indam*) conclude the heated debate that they reach while discussing an issue. Sometimes *tamssusst* summarizes all what has been said before and functions like a summary of *tandamt*. The masculine term *oussouss* may at times be used instead.

raised issues.[1] Through the example of the dancers and through their interaction with other individuals, the participants learn their culture and heritage, which are exactly as portrayed in the film *Tabrat*.

Furthermore, the filmmaker Ait Ali Bouzid succeeds in connecting past and present generations, whether native or non-native Tamazight speakers, through the art form of *ahwach*. In *Tabrat*, this second function of the dance emerges when we consider that *ahwach,* as a chanting celebration, is an ancient form of artistic expression that characterizes the Amazigh tribes in the South of Morocco, mainly in the Souss and South East. The dance differs from one region to another according to the local predominant traditions. This artistic heritage was, and still is, engaged to celebrate different events such as the beginning of Spring and fertile seasons, the harvest of crops and so on. The *ahwach* derives from the old dance known as *drasst*, whose memory has now faded away in most Amazigh communities.[2] The movements performed through dance reflect the relationship between the individuals and bring to the fore an important heritage that can be dated back to antiquity. Furthermore, the *ahwach* teaches solidarity and other values to the new generations and it expresses the pleasurable, joyful and delightful experience that comes out of people's interaction in society.

In short, socialisation is indeed influenced by existing traditions and social models. However, these patterns are now under the threat of globalisation and industrialisation. This can be seen as one of the reasons why Amazigh filmmakers put great efforts into capturing and rendering such practices in their works.

---

[1] In the Amazigh of the Souss, *tandamt* is the feminine form of the masculine word *andam*. It refers to the performance of improvised poetry during the *ahwach* dance. Poets discuss issues related to their society. *Tandamt* includes both men and women who are talented in improvising poetry. Grammatically speaking, as a feminine noun, *tandamt* also indicates a woman who improvises poetry while *andam* is the noun referring to a man with the same talent.

[2] *Drasst* is an Amazigh word that refers to the circle of men who dance to perform the *ahwach;* it also refers to one particular type of *ahwach*.

Locality

The Amazigh filmmaker Ait Ali Bouzid has made a compelling contribution to the cultural and historical memory of the Imazighen by visually documenting Souss history through the images of the walled village of Tizourgane in the province of Chtouka Aït Baha. Tizourgane, witness to more than 500 years of historical events, was restored after the 2000s and has since gained a fine reputation. The local materials from which the castle was built reveal not only the self-reliance of the Imazighen in the construction of their lives but also their genius in the aesthetic form provided to the building. The positioning of the castle, on the peak of the mountain, indicates the purpose for which the so-called *el Makhzen* (the central government of the Moroccan Sultan) used the location, exploited for controlling the inhabitants of the Souss and the tribes of the southern oasis. The castle-architecture and the position on the top of the mountains were likewise important for the protection of commercial caravans: oral historians affirm that such high-located walled villages protected the inhabitants from drought, famine and the spread of diseases. In the province of Chtouka Aït Baha, there are many castle-like villages, such as Imhyalin Castle, Kamazt Castle and Sidi Jacob Castle among many more.

The fact that the film director is aware of the history of Tizourgane (*Tizouggarin*) is well illustrated by the name given to the setting in the film: *adwar n waffa* that in Amazigh means 'the town on the top' and is used as an equivalent for Tizourgane. This means that the inhabitants of the town of Affa are always at the top of the mountain. The film recreates the rites and practices of the inhabitants of the walled village, such as marriage, selling and buying, tanning, grinding in refined traditional mills and various other handcrafting. The space in front the castle is also exploited by the filmmaker carrying on its historical legacy; local oral historians have confirmed that the square in front the castle was used for celebrations as is the case in the film when Mogha, the newcomer from France, arrived in town. The film therefore offers its viewers an opportunity to get to know this castle and its surroundings.

3. Sat tadanguiwine n Imouran (The seven waves of Imouran), Abdullah Dari, Faouzi Vision, 2001.

Social and Cultural dimension of a place name : Imouran

In this section, we focus on the names of places and characters in the film *Imouran* directed by Abdullah Dari. 'Imouran', plural form, means 'lovers' in the Amazigh language of the Souss. Its singular form is *imiri* for masculine and *timirit* for feminine. The film title refers to the myth related to the rock of 'Imouran' situated along the Taghazout coastline in the surroundings of the city of Agadir. The names in the film *Imouran* are deeply rooted in the cultural memory of the place Imouran, embodying the idea that place names refer to historical monuments that communicate a set of experiences and insights of past generations on the inter-change between man and nature (Helleland 2006). The tapestry of cultural identity and heritage is indeed reflected in the topographical features of a region. Toponymies deserve to be preserved as a legacy of traditional richness and diversity and as a resource for forging a national identity that is deeply rooted in the local environment and firmly anchored in indigenous culture. Some geographical names are based on local traditions, legends and folklore, while others are based on local historical events and figures, such as heroes, dignitaries and celebrities. Yet another good reason for preserving these names is that a number of traditional village- and place-names are based on the flora and fauna that are predominant in a particular locality.

Imouran narrates the unfortunate love story of two youngsters, Bnadem and Tafkout. The characters' names symbolically state the interplay between 'Man and Nature'. Bnadem means Man/Human in Amazigh[1] while Tafkout, literally 'Sun' (fem.), stands for beauty, naivety and purity, which can be regrouped under the umbrella term 'Nature'. People aspire to live under the Sun, feeling its heat and getting enlightened by its rays. A conflict over Tafkout takes place between Bnadem and a second

---

[1] This meaning is also common in Moroccan Arabic. In the film, the male protagonist is named after it.

character, Ofar, who wants to marry her as well. Ofar is an Amazigh word that indicates a rude person, unwanted and impolite. Bnadem's suffering also tells the viewers that the excessive Sun's heat may damage humanity. In addition, the film seems to say that Humans love Nature and cannot praise artificial beings that are doomed to greed and betrayal. *Imouran* starts symbolically with the sun rising, at Tafkout's birth, and ends with sundown at Tafkout's death, while the external narrator says that "Tafkout can never die". *Imouran* mirrors the cultural heritage in the sense that it tells the story of the place, which provides a sense of history about its first inhabitants. The film portrays the human existence in the place of Imouran, especially in relation with the environment, and it provides some insights into the economic activities of the first settlers as well as on a number of plant and animal species, topographical features, language, and even man-made features of the area. The film contributes to creating an archive of the ties that bind humans with nature, in the first place under the umbrella of love, which itself stems from the semantic dimension of the place.

Locality

The Rock of Imouran is an islet that is still the destination of girls who are seeking marriage as it was in the past. They have to pass through a narrow hole in the rock and be submerged by seven waves while completing several ritual actions in silence in order to get happiness and fertility in their married life. The fear of being shadowed by spinsterhood drives the girls to embark on their journey, which is a relatively dangerous undertaking. The rites celebrated at the Imouran Rock have lasted amongst the nearby villages since antiquity, from the time the legend took form until now. Keeping this perspective, the filmmaker has created the scene in which the 'Queen of Lovers' paves the way for the incoming girls that come to try their luck. Unfortunately, Tafkout will not be purified by seven waves. In the film, the place of Imouran speaks the truth before it is voiced by human beings, and the legend of the Imouran Rock narrates about true timeless love. Looking at history, Imouran as a place also brings to mind the victory that the Imazighen of the Souss achieved against Portuguese forces, despite the inequality of their armies. On the origin of the name Imouran there are many interpretations, among which the possible origin from the word 'Moran' (or Mourane) that refers to an ancient Amazigh deity of love. Yet others have linked the name to the hardships of life and misery.

It is apparent that the film director Abdullah Dari has chosen to make use of the interpretation in terms of timeless true love of the male character. Despite Tafkout's infidelity, the end of the film states that Bnadem remains faithful to her and achieves victory in the fight against Oufal, and that Tafkout eventually comes to reproach herself for her infidelity. The symbolic meaning conveyed by the setting, the place name and the characters' names all point to the universality of mythical narratives and of human/nature relations.

Conclusion

The analysis of the three Amazigh movies in this article points to cinematic settings that embody and disseminate the filmmakers' ideologies and ideas and that, in this respect, are here understood as 'ideoscapes'. Additionally, this analysis shows that settings, place names and elements of Amazigh mythology are used by the filmmakers to support Amazigh cultural heritage and identity. At the same time, the mythical elements add a transnational dimension that transcends the boundaries of a single culture to include all of humanity. In particular, Imouran is a story of relations between man and nature. We conclude that films can play an invaluable role in the preservation of cultures when filmmakers are able to exploit the local cultural repertoire and avoid artificial locations.

As stated in the introduction, my article aimed to highlight the role of cinema in documenting local culture with all its manifestations. In Amazigh cinema the preservation of culture has not yet received sufficient attention. Culture activists themselves have not considered the danger thrust upon local culture as an issue that can be solved through filmmaking and cinema. My research is therefore a plea to Amazigh film activists, filmmakers, film critics and politicians on the importance of cinema in safeguarding our identities and our culture-specifics. Faced with the unprecedented challenges brought by the wave of technological revolutions and by the different forms that colonisation takes, Africans must arm themselves to ensure the continuity and survival of their culture-specificity.

References

Appadurai, Arjun. [1990] (1996). Disjuncture and Difference in the Global Cultural Economy. In *Modernity at Large. Cultural Dimensions of Globalization*, pp. 27-47. Minneapolis : University of Minnesota Press.

Appleton, Jay. (1975). *The experience of landscape*. London and New York: Wiley.

Basu, Kaushik. (2004). Globalization and development: A re-examination of Development policy. In Akira Kohsaka (éd.). *New development strategies. Beyond the Washington consensus*, pp. 87-114. New York : Palgrave Macmilan.

Helleland, Botolv et Larsen, Terje. (2006). *The Norwegian Place-Names Act Revised.* United Nations Group of Experts on Geographical Names. Working Paper n. 86. Twenty-third Session, Vienna, 28 march – 4 april.

Hones, Sheila. (2011). Literary geography: setting and narrative space. *Social & Cultural Geography*, 12 (7), pp. 685-699.

Lemert, Charles. (2012). *Social things : an introduction to the sociological life*. Lanham : Rowman & Littlefield Publisher.

McHugh, Kevin E. (2005). Oh, the Places They'll Go! Mobility, Place and Landscape in the Film “This is Nowhere”. *Journal of Cultural Geography*, 23 (1), pp. 71-90.

Merolla, Daniela. (2018). Le cinéma amazigh entre les films « grand écran » et Amazighwood *Langues O'*, 3, pp. 46-47, URL : https://en.calameo.com/books/005132202d70c19db8620

Merolla, Daniela. (2019). Peut-on parler de cinéma amazigh ? Les films « grand écran » et « Amazighwood ». Comparaisons avec le cinéma africain. In Daniela Merolla, Kamal Naït Zerad et Amar Ameziane (dir.). *Les cinémas berbères. De la méconnaissance aux festivals internationaux*, pp. 13-74. Paris : Karthala.

Oublal, Ali. (2014). *The Amazigh Film. In Souss, from Oblivion to the International Scene.* Ait Melloul : Issni n Ourgh.

Oublal, Ali. (2016). *The Imagelogist Approach to the Amazigh Film.* Ait Melloul : Issni n Ourgh.

Redfield, Robert. (1989). *The little community: peasant society and culture.* Chicago : University of Chicago Press.

Rhodes, John David et Gorfinkel, Elena (éds.). (2011). *Taking Place: Location and the Moving Image.* Minneapolis : Minnesota Press.

Spivak, Gayatri Chakravorty. (1988). *Can the subaltern speak.* Basingstoke: Macmillan.

7

Représentations et significations du Rif dans le cinéma marocain

Brahim Hasnaouy et Mohamed Zeroual

Le « Rif » ou l'espace rifain jouit d'une importance primordiale dans le cinéma marocain depuis les années 1990, grâce à l'intérêt croissant qui manifeste une génération de cinéastes à cette région. Leurs approches filmiques, esthétiques et cognitives de cet espace sont variées. L'utilisation des différents modèles de scénarios, de mode de narration et de monstration exprime le sens pluriel de cet espace, qui ne se limite pas au sens physique et géographique, mais reflète des significations symboliques et des représentations d'une mémoire et d'une histoire collective et individuelle, d'une culture et d'une langue.

Le Rif : un sens pluriel

Notre approche porte sur les films marocains dont le « Rif » constitue l'objet global ou une partie du scénario. Ces films utilisent des supports linguistiques et dialoguistes différents : le tamazight, l'espagnol et la darija marocaine. Au Maroc, le Rif n'est pas strictement lié au sens géographique et lexical du terme, qui signifie campagne, village ou des territoires ruraux[1], etc. Il correspond plutôt à une grande région située au nord du Maroc et qui couvre des villages et des villes. Une partie de ces habitants dits « Ryafa » sont connus par leur variante linguistique « tarifyt » et leurs traditions socio-culturelles. Dans ce cadre, on constate que le sens géographique du mot interfère le sens ethnique et culturel. Une autre population rurale ou campagnarde, dit « Jbala », s'est installée aussi aux confins des régions rifaines.

[1] Selon le Nouveau Petit Robert de la langue française (2010 : 2253), le mot Rif signifie "campagne", il vient de l'arabe et concerne la région de Maghreb. Cf. Hart 1999.

En revanche, ces habitants parlent majoritairement « jblia » qui est une variante de la darija marocaine. Ce chevauchement géographique, ethnique, linguistique, rend difficile la délimitation de la région du Rif au Maroc.[1]

Le Rif : de l'approche esthétique à la revendication visuelle

Depuis le début de 3e millénaire, l'espace rifain occupe une place importante dans les films marocains, notamment ceux réalisés par des cinéastes issus de cette aire géographique et linguistique ou d'autres régions du nord marocain, tels que Mohamed Ismail, Mohamed Abderhamane Tazi, Mohammed Elbadaoui, Tarek Elidrissi, Mohamed Amine Benamraoui, et Mohamed Bouzgou.

Certes, la mise en scène de cet espace diffère selon la thématique, l'approche filmique, esthétique et narrative de chaque film, mais les films combinent souvent des thématiques fédératrices qui font du Rif un lieu de résistance, de mémoire, de liberté et de lutte contre le colonialisme. Cet espace est mis en scène aussi en tant que région de transit ou poste-frontière par laquelle passent les immigrés vers l'Europe en quête d'une vie meilleure. Il correspond donc à une porte ouverte sur l'étranger. Le Rif est aussi un lieu marginalisé et démuni qui se trouve au-delà de la politique publique du développement et de la qualification territoriale. Mais le Rif est aussi un lieu d'amour et de sens humain qu'on trouve chez Mohammed Elbadaoui dans son film « Solei-man » qui relate de différentes relations d'amour, mais aussi de tromperie et de jalousie. Pour donner un degré fort à son jeu et son rythme dramatiques, le réalisateur accorde une place à la relation mixte de deux individus : un Marocain rifain et une Espagnole qui arrive dans la région, à Al-Hoceima, et déstabilise la vie d'une famille, au moment où ses membres (le père, la mère et leurs fils Solei-man) ont besoin d'un degré de solidarité, de soutien et de bonheur car le fils est atteint d'un cancer. Le film soulève également les thèmes de l'immigration, la relation entre les Rifains et leurs voisins espagnols, ceux du cancer, et de la mer qui symbolise la perte, l'éloignement, et l'isolement.

---

[1] Pour une définition linguistique du « Rif », voir Lafkioui 2017.

Le Rif dans le cinéma : un lieu de lutte pour l'indépendance

La mémoire collective de la région conserve le nom de certaines figures emblématiques de la résistance et de la lutte contre le protectorat français et espagnol dans le nord du Maroc, comme Abdelkrim El Khattabi et Mohammed Amzian. Cette période historique de la région rifaine a inspiré plusieurs films. Par exemple, *Aouchtam* (le handicapé)[1] de Mohamed Ismaicl (1996) qui montre les valeurs de solidarité et d'unité des « Rifains » participant à la lutte armée contre le colonialiste espagnol, indépendamment de leur appartenance tribale et malgré les difficultés de communication données par les voies accidentées et les vallées encaissées et profondes. Il en va de même pour le film de « Solei- man » (Elbadaoui 2012) qui reprend la question du cancer, une maladie qui a frappé le Rif et que plusieurs sources attribuent à l'utilisation des armes chimiques par l'armée espagnole pendant la période 1921–1926 (Bruce Maddy-Weitzman 2011: 158)[2]. Le récit en image dans ces deux films, entre autres, fait de la région du Rif un lieu de résistance et de triomphe, ainsi qu'un lieu de conflit, d'opposition, de point de vue des forces et d'ambitions différentes. Le conflit est représenté entre le pouvoir militaire et le pouvoir citoyen, les membres de la même famille entre eux, le père de la famille vis-à-vis de son pays. Ici se mêlent les valeurs de fidélité et de trahison, le sacrifice et l'opportunisme comme le montre Ismail dans *Aouchtam*.

L'image du Rif postcolonial a inspiré ainsi des cinéastes issues de la région et qui ont essayé de mettre en image les mutations que la région a subies et le type de situation sociopolitique et économique qui domine la région après le départ de l'occupant. Dans son film *Rif 58 – 59 : Briser le silence* (2015) Tarik Elidrissi a choisi le genre documentaire pour narrer le soulèvement populaire du Rif du 1958-1959, dans la période postcoloniale, un épisode tragique et bien connu au Maroc. Pour ce faire, le réalisateur fait recours aux témoignages authentiques des

---

[1] *Aouchtam*, - ⴰⵛⵓⵟⴰⵎ, ⵜⴰⵛⵓⵟⴰⵎⵜ en écriture néo-tifinagh, dans certains parlers amazighs du Maroc, dit homme à mobilité réduite ou le handicap.

[2] Voir également le film *Iperita*, analysé dans ce volume par El Adak (note de la rédaction).

gens qui ont vécu cet évènement ou, au moins, rapportés par ceux qui l'ont entendu de l'un des membres de leur famille. Ces témoignages ont essayé de rétablir le déroulement de l'événement selon des points de vue différents en faisant du Rif un espace de tension sociale et politique. Pour le réalisateur cette tension sociopolitique montre que les villes et les villages du Rif sont un lieu pour le règlement de compte entre différentes parties en rivalité qui cherche à occuper de nouvelles postes politiques, sociales et administratives dans un contexte national tendu.

Le Rif comme espace méditerranéen et signe d'ouverture sur l'autre

Les réalisateurs marocains ont ensuite exprimé l'appartenance du Rif à l'espace méditerranéen à travers des signes et symboles tantôt iconiques et visuels, tels que la mer, les costumes, les institutions, tantôt verbaux comme l'utilisation de la langue espagnole par les personnages des films à l'instar d'*Aouchtam*, *Adios Carmen*, *Iperita* et *Badis*.[1] Chacun de ces films raconte et montre à sa manière cette relation et cette proximité plus ou moins étroite qui existe entre le Rif/le Rifain(e) et l'Espagne/l'Espagnol(e). La mer apparait dans ces films à la fois comme un symbole d'ouverture sur l'Europe, et comme un symbole de fuite, de clandestinité et de séparation. Cela jusqu'à la mort dans *Solei-man*, à tel point que la mer provoquera la colère et l'angoisse d'Aicha, mère de Solei-man qui chante une poésie de chagrin et de douleur : « Je suis tombé dans la mer, je suis noyé dans l'eau… ». La femme commence à pleurer et se tait tout de suite. La mer est aussi une voie et une traversée que les immigrés utilisent pour rejoindre l'*Eldorado* pour certains et pour fuir la situation sociale lourde et répressive pour d'autres.

Pour ce qui est de la population rifaine, cette émigration ne passe pas sans laisser d'effets négatifs sur les émigrés eux-mêmes. D'ailleurs, l'un des fils du personnage de Slam Amzyan dans le film *Rif 58 – 59 : Briser le silence* avoue ce sentiment de séparation et de rupture émotionnelle entre les enfants qui sont

---

nées dans la diaspora notamment au Pays-Bas et leur pays natal du Maroc. D'ailleurs, c'est le cas aussi pour beaucoup de Rifains qui se trouvent actuellement à l'étranger.

Le Rif : un espace marginalisé et de punition

Le film *Badis* (1988) cherche son esthétique en évoquant un autre sens de l'espace du Rif, qui est à la fois ambigu et opposé : c'est un lieu d'occupation, de punition, d'exil, de mort, mais aussi d'amour et de liberté. La décision de l'instituteur (joué par l'acteur Jilali Ferhati) de quitter Casablanca pour aller travailler au village côtier de Badis a le seul but de surveiller et de contrôler son épouse qu'il soupçonne de trahison et d'infidélité. Cette mutation du lieu de la vie professionnelle s'inscrit aussi dans le désir d'éloigner la femme, jouée par Zakia Tahiri, de l'espace urbain, pour l'exiler loin au bord de la frontière. Ce déplacement au niveau de l'espace, montre aussi le pouvoir du cinéma de créer et d'associer plusieurs espaces et plusieurs temps. Une fois à Badis, un village de pêcheurs occupé par une garnison espagnole, l'instituteur suggère à sa femme de donner des cours d'apprentissage à la jeune Moira (l'actrice Marie Bel Verdu), fille d'un pécheur qui a déjà servi dans l'armée franquiste. Les deux femmes deviennent amies et se confient l'une à l'autre et s'inventent un univers féminin, intime, de l'expression et de l'écriture corporel.

Malheureux de la relation amoureuse entre Moira et le jeune soldat espagnol qui vient chercher de l'eau chaque matin dans la fontaine de village, l'instituteur, assisté par l'agent de la poste (joué par Aziz Saad Allah), mobilise les habitants de village pour protester contre le comportement allégué de l'espagnol qui rendrait l'eau polluée par un acte de miction. Il s'agit d'un mensonge, mais intelligent, car cela unit l'ensemble de village autour de leur « réformateur social » dans le seul but de rompre la relation d'amour entre Moira et le jeune soldat espagnol. La vérité est que l'instituteur a soif d'elle lui-même. Si les Espagnoles cèdent à la manifestation des villageois et acceptent de changer le porteur d'eau par un autre soldat plus âgé, Moira reste toujours loin d'obéir au regard et au harcèlement de l'instituteur. On constate que les désirs et les ambitions des deux jeunes femmes sont en contradiction avec celles de l'instituteur. Les femmes du village, y compris la patronne de bistrot (l'actrice Naima Lmcharki), rêvent d'aller loin au-delà de cet espace étroit. Si les jeunes souhaitent de le quitter une fois pour toutes, la propriétaire du bistrot souhaite à son tour rester sur place et agrandir son petit café pour qu'elle puisse amener des touristes dans le village. Une trouvée de génie pour commencer à changer le village du point de vue économique et social.

Les personnages du film montrent des caractéristiques psychologiques et sociales bien claires et passent d'une situation à un autre, mais dans un cadre spatial bien limité et calculé qui compte des lieux bien précis répondant à l'état psychique et à l'intériorité de chaque personnage. Des lieux comme la chambre où les jeunes femmes dansent, le bistrot, le bureau de la poste, la maison de Moira et ses déplacements pour rencontrer son amant espagnol sont tous des lieux bien dessinés et reformulés. On peut parler même d'une « économie de l'espace » dans le film de Badis.

Le film présente ainsi une chronique d'une vie quotidienne dans un village dominé par la monotonie et le vide. Il retrace également le parcours des individus : l'instituteur, le père de Moira, le receveur de la poste et la patronne du bistrot, qui partagent des comportements et des caractères communs de frustration (désir/manque d'autorité), d'hypocrisie, d'opportunisme et de « mis du piment » dans la vie de village. La seule résistance, ici, et celle des deux femmes : Touria et Moira qui se protègent des regards des autres et libèrent leurs corps. Elles tentent de s'en fuir du village, mais quand cela échoue, elles sont lapidées par les villageois y compris les femmes et les enfants. Par ailleurs, la scène qui renforce l'esthétique et la dramaturgie du film est celle de la fin en montrant Touria et Moira en dansant au bord de la mer, au moment où elles sont attaquées par des coups de pierres jusqu'à la mort.

Conclusion

Nous pouvons envisager une conclusion sous forme de réflexions ouvertes. Initialement, il n'existe pas une seule mise en scène de l'espace rifain dans le cinéma marocain, mais une approche filmique plus ou moins variée qui va du film de fiction au documentaire. Ensuite, il n'y a pas seulement que les cinéastes, qui sont issues de cette région rifainc, ct qui ont un attachcmcnt émotionnel et des liens d'appartenance à ce territoire, qui ont abordé le Rif ou l'espace rifain dans le cinéma marocain, mais aussi d'autres qui ont été attirés par cet espace, son histoire, sa géographie et ses mutations. Mais il s'agit notamment de jeunes cinéastes « rifains » qui, au Maroc ou de la diaspora, mettent en image leur espace, le revivifiant au gré de ses changements et mutations sociopolitiques et culturels. Enfin, le traitement filmique du Rif au sens large du terme reste limité aux thèmes qui, plus au moins répandus, tendent à se répéter : le protectorat espagnol dans le nord du Maroc, la guerre du Rif (1921-1927) et la révolte des années cinquante, les armes chimiques, les relations humaines, le cancer, l'immigration espagnole et l'émigration marocaine. La présence de l'Espagne, en tant qu'espace visuel ou lieu hors champ, de l'Espagnol (civile et militaire) et de la langue espagnole constituent des éléments filmiques incontournables. Plus que les autres espaces et territoires ruraux similaires, le Rif est un objet de territorialité dans le cinéma marocain.

Références bibliographiques

Affaya, Mohammed Noureddine. (2019). *L'image et le sens* (en arabe). Casablanca : Publications du Centre culturel du livre.

Bachelard, Gaston. (1958). *Poétique de l'espace*. Paris : Presses universitaires de France.

Hart, David Montgomery. (1999). The Rif and the Rifians: problems of definition. *The Journal of North African Studies*, 4 (2), pp. 104-109.

Hasnaouy, Brahim et Damous, Mouhcine. (2000). Le corps entre l'écriture et la mort, essai sur *Badis*, film de Mohamed

Abderrahman Tazi (en arabe). *Al Alam atakafi* (le signe culturel), *Al alam* (le signe), Maroc, juin, p. 7.

Lafkioui, Mena B. (2017). Rif : la langue (rifain/tarifit). *Encyclopédie Berbère* XLI, pp. 6916-6956.

Maddy-Weitzman, Bruce. (2011). *The Berber Identity Movement and the Challenge to North African States*. Austin : University of Texas Press.

Mattos de Caúla e Silva, Adriana. (2006). Panorama des images urbaines. Les villes utopiques créées par le cinéma. In Henry-Pierre Jeudy et Paola Berenstein-Jacques (éds). *Corps et décors urbains : Les enjeux culturels des villes*, pp. 140-154. Paris : l'Harmattan.

Robert, Paul *et al.* (2010). *Nouveau Petit Robert de la langue française*. Nouvelle édition millésime.

Vanoye Francis. (1991). *Scénarios modèles, modèles de scénarios*. Paris : Nathan.

Filmographie

Adios Carmen (fiction), Mohammed Amine Benamraoui, 2013.

Aouchtam (fiction), Mohamed Ismail, 1998.

Badis (fiction), Mohamed Abderrahman Tazi, 1988.

Iperita (fiction), Mohamed Bouzaggou, 2017.

Rif 58-59 : Briser le silence (documentaire), Tarik El Idrissi, 2015.

Solei-man (fiction), Mohamed El Badaoui, 2012.

8

Entretiens avec Monsieur Ivan Boccara

par Daniela Merolla

L'entretien avec Ivan Boccara (réalisateur, documentariste) nous éclaire sur certains aspects abordés dans les articles et dans la présentation de ce volume, notamment la relation des Imazighen à l'image dans le monde rural ainsi que sur la pratique du cinéma en milieu rural berbère au Maroc.

Ivan Boccara

Cinéaste, caméraman, artiste, photographe, producteur, Ivan Boccara tourne dans l'Atlas marocain depuis 1991. Ses films documentaires témoignent de l'évolution du mode de vie et de l'environnement rural et montagnard au Maroc sur une période d'environ trente ans. Il réalise des installations, travaille comme chef opérateur et photographe pour des artistes contemporains, musiciens, chorégraphes et metteurs en scène de théâtre. Il est également producteur et intervenant en cinéma et documentaire.

Paris, 11 juin 2019

Comment êtes-vous venu au cinéma documentaire ?

Je suis venu au cinéma et au documentaire par la photographie et par la rencontre de Hammadi, le personnage principal de mon premier film [*Mout Tania*, 1999]. J'ai longtemps arpenté le Haut Atlas avant de rencontrer cet homme au fort caractère qui avait une vive envie de transmettre et de laisser une sorte d'héritage, non seulement par le travail qu'il avait accompli de ses mains pour vivre en autonomie mais aussi par la parole qu'il m'a livré et que j'ai eu la chance de pouvoir capter.

Vous avez documenté le monde rural berbère du Maroc, notamment l'arrivée de l'électricité : pouvez-vous nous parler de la relation à l'image dans ces régions ?

Il y a quelques mois j'étais au Maroc, à Azilal.[1]. Le seul cinéma de la ville, fermé pendant plus de trente ans, abritait un élevage de pigeons sous son plafond éventré. Aujourd'hui cet espace a été réhabilité en café et salle des fêtes. Le vieux matériel de projection, les fauteuils et toutes les archives ont été débarrassés. Il n'y a plus de cinéma à Azilal, ni de mémoire de ce lieu, ni de sa fonction dans une ville d'environ 30 000 habitants. Des anciens se souviennent de l'époque où l'on rentrait au cinéma comme au café. Aujourd'hui le cinéma n'existe plus et les jeunes ne l'ont pas connu. On ne se déplace plus pour avoir accès à l'image, on la reçoit chez soi ou sur son téléphone. Il y a des télévisions partout et presque tout le monde a une caméra sur son smartphone. Mais la pratique du cinéma est rare en région. Le cinéma marocain existe, il se fabrique et se diffuse majoritairement dans les grandes villes. Il est rare en région car l'expérience, les moyens et le matériel manquent. Alors peut-on parler de cinéma ou de cinéma spécifiquement amazigh dans une région comme celle d'Azilal ?

Votre documentaire « Pastorales électriques » montre que la principale relation à l'image dans le monde rural se fait au travers de la télévision. Pourriez-vous nous en parler ?

Notre rapport à l'image évolue sans cesse, la question du droit à l'image aussi. La société rurale évolue face à et avec de nouvelles technologies. De nouveaux outils sont arrivés et avec eux de « nouveaux besoins » et une nouvelle manière de voir le monde, sans aucun doute ! Nous sommes sortis des ténèbres pour nous aveugler de nos écrans et de leur contenu ! Avec l'électricité, la télévision arrive dans des foyers de montagne où tous les enfants ne vont pas à l'école, soit parce qu'elle est trop loin ou qu'il y a trop à faire dans la vallée à aider les parents aux activités

[1] Azilal est une ville dans le Haut Atlas (Maroc), chef-lieu de la province homonyme dans la région Béni Mellal-Khénifra. Note de la rédaction.

pastorales. Un bouleversement humain est en marche, la consommation quotidienne de télévision est en plein boom. Les gens gobent des feuilletons, des soap operas, des informations extrêmement violentes et parfois de propagande. Dans un contexte rural, avec une instruction souvent difficile d'accès et insuffisante, la télévision peut être relativement « néfaste ». Le monde se modernise et l'individu suit. Comment distinguer le bon du mauvais ?

Avec l'apparition de l'électricité et de la télévision, disparaissent progressivement le rapport au ciel et à la galaxie, le rapport à la lumière et au cosmos, une culture aux croyances ancestrales fondée sur une relation forte à la nature et aux éléments. Ces fondements de la société berbère à l'origine nomade et païenne se sont mélangés aux différentes religions et se sont perdus au fil des siècles mais ils n'en restent pas moins très présents dans la considération et le respect que les Berbères ont encore à l'égard de la nature et des éléments naturels dans lesquels ils vivent.

Le paysage se transforme, les gens aussi. La montagne se modernise et pourtant les gens veulent partir. C'est le sujet de *Pastorales électriques*, mon troisième film tourné dans l'Atlas. J'ai traduit le titre en berbère par *Afella n Ifilu*, ce qui veut dire « Sur le fil ». La montagne s'en va, asséchée par une surexploitation de la forêt et du territoire ; la montagne va-t-elle devenir une « zone » désertée ? En l'espace d'environ trente ans, j'ai vu la vie en autarcie devenir progressivement plus précaire pour les paysans, dans un environnement qui ne suffit plus à leur subsistance. Et aujourd'hui, les habitants sont pris dans un monde de nouvelles consommations et de dépendances aux nouveaux besoins que nous avons tous.

Mon regard de cinéaste évolue au fil du temps avec la connaissance que j'ai du milieu, qui, lui aussi, se transforme. Comment interpréter ces changements ? En Europe, l'arrivée de la télévision a fait progressivement rentrer les gens dans leurs maisons. En sera-t-il autrement dans le Haut Atlas ?

Pouvez-vous me parler de votre expérience de cinéaste dans le Haut Atlas marocain ?

Il est sans doute normal dans ce contexte, dans une société rurale en pleine mutation, que je rencontre plus de difficultés aujourd'hui pour tourner un film qu'il y a quelques années. Les gens « se méfient » davantage, ils ont des préoccupations matérielles, ils sont moins disponibles, ils doivent aller travailler en ville pour ramener l'argent nécessaire à l'installation de l'électricité, l'achat d'une télévision ou d'un nouveau téléphone... avec lequel on obtient tout en quelques clics ! La perception du monde change et avec elle celle de l'image du monde. Mais que ce soit dans l'Atlas ou ailleurs, les réseaux sociaux et les médias ne diffusent pas toujours une belle image du monde. Comment interprète-t-on, gère-t-on le flot d'images qui se déversent sur les télévisions et les smartphones ? Pourquoi et comment notre perception du monde et de l'image qu'on a du monde ne s'en trouverait-elle pas ébranlée ? À travers mon travail de cinéaste, j'essaie de sauvegarder la mémoire d'un mode de vie qui se transforme. Comment avoir la bonne distance lorsqu'on tourne dans un environnement précaire ? Quelle relation tisser avec les personnes que je filme ? Ces questions font partie de mes préoccupations parce que je filme un peu la même grande famille dans une grande région depuis bientôt 30 ans.

Pourriez-vous parler de la production cinématographique amazighe dans l'espace dans lequel vous travaillez ?

Les questions de production et de financement d'un cinéma particulièrement amazigh ou tourné en pays berbère m'échappent, mais elles sont liées à l'intérêt qu'on porte à la culture et au territoire. Il s'agit de volonté et de nécessité dans notre rapport aux choses. Le territoire ignore tout de ce qui se joue en son sein. J'ai le sentiment que c'est en allant au plus profond du pays rural que je comprends mieux les problématiques humaines et que je peux explorer les « limites » d'un cinéma entre documentaire et fiction. Le documentaire est pour moi aujourd'hui au bord de « la fiction » ou « d'une fiction » possible. Il en est de même pour l'actuelle montagne marocaine et de ses habitants qui se cherchent entre deux époques. C'est ce que l'on pourrait sans doute dire de l'actuel état du monde. Où allons-nous ? Dans cet état des choses, être au bord de la fiction signifie pour moi être au seuil du sentier, prêt à marcher sur le goudron, à reprendre le fil d'une histoire qui se poursuit. Là où s'achève *Pastorales électriques* commence une nouvelle « fiction » pour les habitants de l'Atlas, entre ville et montagne.

Quels sont vos projets pour l'avenir compte tenu de l'émergence du « Covid-19 » et des restrictions imposées au Maroc comme en France ?

Je travaille sur l'écriture d'un prochain film qui se situera entre montagnes et villes marocaines. Parallèlement, j'ai eu besoin de sortir dans les rues parisiennes pendant le confinement pour enregistrer, filmer, garder une mémoire de ce moment, les rues désertes, le silence dans la capitale française à l'arrêt, les cinémas fermés... Aujourd'hui le pays est déconfiné et je continue à filmer la ville, à interroger la parole tandis que nous sommes encore masqués. La pandémie mondiale qui est venue nous surprendre vient bousculer mes questionnements sur l'avenir du cinéma et plus globalement sur nos modes de production, de consommation et de circulation. Que suis-je prêt - que sommes-nous prêts - à remettre en question ?

Ouvrages de la même auteure

Les études berbères à l'ère de l'institutionnalisation de tamaziyt. Mélanges en l'honneur de Salem Chaker et Abdellah Bounfour (Daniela Merolla, Dominique Caubet, Kamal Nait Zerad and Philippe Cassuto, sous la dir.), Paris : L'Harmattan, 2021.

« Space, time, and culture on African/diaspora websites » (Inge Brinkman et Daniela Merolla, sous la dir.), special issue, *Journal of African Cultural Studies*, 2020, 32:1.

Schipper, Mineke, Merolla, Daniela et Inge Brinkman. *Afrikaanse letterkunde : tradities, genres, auteurs en ontwikkelingen.* (Littératures africaines. traditions, genres, auteurs et développements), Amsterdam : Amsterdam University Press, 2019.

Les cinémas berbères. De la méconnaissance aux festivals nationaux (Daniela Merolla, Kamal Naït Zerad et Amar Ameziane, sous la dir.), Paris : Karthala, 2019.

Searching for Sharing: Heritage and Multimedia in Africa (Daniela Merolla et Mark Turin, sous la dir.), Open Book Publishers, Cambridge U.K., 2017. Open Source http://www.openbookpublishers.com/product/590

Orality and Technauriture of African Literatures (Dossier Oralité et Technauriture des littératures africaines), (Daniela Merolla, sous la dir.), *Tydsckrif vir Letterkunde* (S.A.), 51, 1, 2014: 79 – 174.

Multimedia Research and Documentation of Oral Genres in Africa - The Step Forward (La recherche multimédia et la documentation des genres oraux en Afrique - Un pas en avant), (Daniela Merolla, Jan Jansen et Kamal Naït-Zerrad, sous la dir.), Cologne : Rüdiger Köppe Verlag, 2012.

Transcultural Modernities : Narrating Africa in Europe (Modernités Transculturelles : Raconter l'Afrique en Europe), (Elizabeth Bekers, Helff, Sissy et Daniela Merolla, sous la dir.), Matatu 36, Amsterdam/New York : Rodopi, 2009.

Myth : Theory and the Disciplines (Mythe: La théorie et les disciplines), (Daniela Merolla et Mineke Schipper, sous la dir.), numéro thématique, *Religion Compass*, 2009.

Oralité et nouvelles dimensions de l'oralité. Intersections théoriques et comparaisons des matériaux dans les études africaines, (Mena Lafkioui et Daniela Merolla, sous la dir.), Paris : Colloques Langues O', INALCO, 2008.

Merolla, Daniela. *De l'art de la narration tamazight / berbère. Deux cents ans de collecte et de recherche dans les études littéraire berbères,* Paris/Louvain : Editions Peeters, 2006.

Migrant Cartographies. New Cultural and Literary Spaces in Post-colonial Europe (Cartographies de la migration. Nouveaux espaces littéraires et culturels dans l'Europe post-coloniale), (Sandra Ponzanesi et Daniela Merolla, sous la dir.), USA : Lexington Books, 2005.

Lafkioui Mena et Daniela Merolla. *Les contes berbères chaouis d'après Gustave Mercier*, Cologne : Rüdiger Köppe Verlag, 2002.

Merolla, Daniela. *Gender and Community in the Kabyle Literary Space. Cultural strategies in the Oral and in the Written* ('Études de genre' et les questions de construction identitaire dans l'espace littéraire kabyle. Stratégies culturelles à l'oral et à l'écrit), Leyde, Pays-Bas : CNWS Publications, 1996.

Structures éditoriales du groupe L'Harmattan

L'Harmattan Italie
Via degli Artisti, 15
10124 Torino
harmattan.italia@gmail.com

L'Harmattan Hongrie
Kossuth l. u. 14-16.
1053 Budapest
harmattan@harmattan.hu

L'Harmattan Sénégal
10 VDN en face Mermoz
BP 45034 Dakar-Fann
senharmattan@gmail.com

L'Harmattan Cameroun
TSINGA/FECAFOOT
BP 11486 Yaoundé
inkoukam@gmail.com

L'Harmattan Burkina Faso
Achille Somé – tengnule@hotmail.fr

L'Harmattan Guinée
Almamya, rue KA 028 OKB Agency
BP 3470 Conakry
harmattanguinee@yahoo.fr

L'Harmattan RDC
185, avenue Nyangwe
Commune de Lingwala – Kinshasa
matangilamusadila@yahoo.fr

L'Harmattan Congo
219, avenue Nelson Mandela
BP 2874 Brazzaville
harmattan.congo@yahoo.fr

L'Harmattan Mali
ACI 2000 - Immeuble Mgr Jean Marie Cisse
Bureau 10
BP 145 Bamako-Mali
mali@harmattan.fr

L'Harmattan Togo
Djidjole – Lomé
Maison Amela
face EPP BATOME
ddamela@aol.com

L'Harmattan Côte d'Ivoire
Résidence Karl – Cité des Arts
Abidjan-Cocody
03 BP 1588 Abidjan
espace_harmattan.ci@hotmail.fr

Nos librairies en France

Librairie internationale
16, rue des Écoles
75005 Paris
librairie.internationale@harmattan.fr
01 40 46 79 11
www.librairieharmattan.com

Librairie des savoirs
21, rue des Écoles
75005 Paris
librairie.sh@harmattan.fr
01 46 34 13 71
www.librairieharmattansh.com

Librairie Le Lucernaire
53, rue Notre-Dame-des-Champs
75006 Paris
librairie@lucernaire.fr
01 42 22 67 13